Diogenes Taschenbuch 24355

Nicht schon wieder keine Tore

Geschichten und Gedichte rund um den Fußball

Ausgewählt von Winfried Stephan

Diogenes

Nachweis am Schluss des Bandes
Covermotiv: Zeichnung von Gregor Baldrich

Diogenes Verlag AG Zürich
www.diogenes.ch
100/16/44/1
ISBN 978 3 257 24355 0

Inhalt

Moritz Rinke

Vertraust Du meiner Viererkette

Jogi Löw schreibt den ersten WM-Brief an seine Frau

Liebschte Daniela,

hab Dir us em Campo Bahia in de Breisgau gschriebe. Sind die Balkonblume no nidde verwelkt? Häng bloß keine Deutschlandfahne vum Balkon nunter, des macht mir zu viel Druck, ich bruch' nid au noch de Druck vum eigenen Balkon! Daniela, Du glaubsch nid, was die hier alle von mir wolle: DEN TITEL! JOGI, DU MUSST DEN TITEL LIEFERN! Ja, was heißt denn LIEFERN?? Man kann Möbel liefern, Pizza, neuerdings sogar Doktortitel, aber den WM-TITEL?!?

Im WM-Trainingslager ischs drunter und drüber gange. Die meischte hän wie Invalide usgsähne! Der Neuer hätt nidde mol seinen Arm hebe könne. Als Torwart! Mein Gott, Schweinsteiger, wie der mir mit seinere Patellasehne uf de Wecker geht! Und die, die nix mit Patella oder sonscht was hän, brunse deheim noch amol ebe gege d'Hotelsäule! Isch ebbis vun Flensburg in de Poscht gwäse? Ich hab mehr Punkte in Flensburg als Eintracht Braunschweig in de Bundesliga! Bin ich schuld? Hä nai! Beim DFB sammle die seeleruhig meine Strofzettel, keiner gibt mir Bschaid, und häschs nid gsähne, isch der Labbe weg! Typisch DFB! Heut hätt mich der Poldi gfrogt: »Trainer, guckst du nicht auf den Tacho oder ratscht dir, wenn du Gas gibst, die Perücke ins Gesicht?« Findesch Du des au luschdig, Daniela? War was von Nivea for Men in de Poscht? Nid, dass mir Nivea for Men den Werbevertrag kündigt wege Flensburg!

Kleine Augeblick, ich mach mir mol ebe ä Caipi, die hän mir hier alles higstellt. 1–2 Limette, Daniela, dazu 6 Esslöffel Zuckerrohrschnaps, die nenne des »Cachaca!«, 2–3 Barlöffel brauner Rohrzucker. Verstehsch?

Campo Bahia isch der Wahnsinn. Drum herum Wildnis, Urwald, Daniela!, und hier drin bei uns mache sie Rase-Drainage mit allem Firlefanz! Vorhin hab ich ä Kriegsschiff uf em Wasser gesähne, die bewache uns mit Hubschrauber, Militärpolizei und Spürhunde, was solle eigentlich die Wilde, die Indianer denke? Stehe ä paar Deutsche in Flipflops und spielen de ganze Tag Darts oder Schafskopf und drum herum Kriegsschiffe, Marine und Scharfschützen. Dimensionen hätt des alles agenomme!

Heut hab ich so ä Indianer vum Stamm Pataxo am Fluss troffe. »Du Beckenbauer?«, hätt er gfrogt. »Nai, Jogi Löw!«, hab ich gsagt un dezu noch: »Und außerdem isch der Beckenbauer vun de FIFA gsperrt!« Dann isch der Indianer wieder zu seinem Stamm glaufe, die Pataxos sin au überhaupt nid informiert worre vum DFB, wer ich bin! Ich krieg die Strofzettel nid usghändigt und die Pataxos keine Infos über de aktuelle Bundestrainer!

Du, vielleicht hätte mir wie die Holländer au nach Rio, nach Ipanema gehe solle! Die Holländer hän gege Spanien Samba danzt, des isch der Wahnsinn, beim 5:1 isch mir der Caipi us de Hand gfalle!

Jetzt sin mir dra gege Portugal, Daniela! Vertrausch Du meinere Viererkette?? Mir hän in unserer Ehe immer wenig über meinen Beruf gsproche, aber schick mir bitte bis Montag 18.00 ä SMS, ob Du meinere Viererkette vertrausch! Oder soll ich doch Durm bringe? Vor ä paar Woche hab ich no nidde mol gwusst, wer des isch: Durm! Kennsch Du Durm?

Ich muss uffhöre, mir müsse uf die Fähre, den Rio Joao de Tiba überquere. Wenn ich ihn siebemol überquert hab, dann hab ich de TITEL! Kann ma fascht singe: Siebemol den Tiba überquere, dann bin ich Weltmeischter oder Asche!

Dei Jogi

Reinhard Umbach

Kleine Fußballregelkunde

Regel A:
Unentschieden wird genannt
ein Spiel, das keinen Sieger fand.

Regel B:
Den Fußballspieler zu erkennen,
ist leicht. Ich darf den Aufbau nennen:
Um irgendwann ein Tor zu schießen,
hat er zwei Schuhe an den Füßen.
Darüber spannen sich die Stutzen,
die eigentlich zu gar nichts nutzen.
Dasselbe gilt von Hose und
Trikot. Sie sind nur schrecklich bunt.
Der Kopf schließt die Erscheinung ab.
Sie holt gern den Europa-Cup.

Regel C:
Die Frage wird so oft gestellt,
wie denn ein Tor im Fußball fällt,
dass ich nicht länger schweigen kann.

Schon fängt auch die Erklärung an:
Nimmt man den Radius mal 2 Pi,
kommt man auf eine Strecke, die
der Ball jenseits die Linie muss,
in Form von Kopfball oder Schuss.
Dann ist der Ball *de iure* drin,
und alles läuft zur Mitte hin.
De facto fällt zum Unterschied
ein Tor, wenn man es zappeln sieht.
Die Differenz liegt im *Aspekt*,
ein Tor nach 2) wird stets entdeckt.

(Herr Fischer ist sogar der Meinung:
Ein Tor ist nichts als Netzerscheinung.)

Regel D:
Fällt das ganze Spiel kein Tor,
steht ein 0:0 bevor.

Regel E:
Ein Tor fällt, sprich: der Ball ist drin,
wenn ich grad schön am Jubeln bin.
(Fällt auf der andren Seite eins,
dann schweige ich, als wär's gar keins.)

Regel F:
Wenn irgendwo ein Knochen kracht,
hat irgendwer ein Foul gemacht.
Erst kommt der Pfiff und dann die Trage.
Ein Freistoß endlich klärt die Lage.

Regel G:
Abseits ist, wenn steil geschickt,
der Stürmer nur das Tor erblickt.
(Doch muss ein schwarzer Mann noch pfeifen.
Das lässt die Regel schwer begreifen.)
Wenn nicht, ist er – so schön das klingt –
von Gegenspielern »schwer umringt«.

Nachtrag
Tennis heißt »der weiße Sport«,
Wasserball »der nasse«,
usw. usf.
– Skat »der Sport der Asse«.

Friedrich Christian Delius

Der Sonntag, an dem ich Weltmeister wurde

Hier sind alle Sender der Bundesrepublik Deutschland und West-Berlins, angeschlossen Radio Saarbrücken. Wir übertragen aus dem Wankdorf-Stadion in Bern das Endspiel um die Fußballweltmeisterschaft zwischen Deutschland und Ungarn. Reporter ist … von fern kam die Stimme, fremd und deutlich jede Silbe laut gesprochen, ich durfte nur leise hören, das war die Bedingung, ich rückte den Stuhl näher an das Gerät, neigte mich der fernen Stimme entgegen, der Sprecher wechselte … *Deutschland im Endspiel der Fußballweltmeisterschaft, das ist eine Riesensensation, das ist ein echtes Fußballwunder, ein Wunder, das allerdings auf natürliche Weise zustande kam.*

Ich vertraute mich der fremden Stimme an, die geschmeidig und erregt die Begeisterung von Silbe zu Silbe trug und sich schnell steigerte zu Wortmelodien wie *Riesensensation* und *Fußballwunder.* Ich war sofort gefangen von diesem Ton: Da sagte ein Erwachsener in wenigen Worten endlich alles, was ich fühlte und nicht fassen konnte, ich sog die Stimme ein, ließ mich von ihr führen, heben und abwärtsschaukeln. Das Spiel hatte bereits begonnen, im Hintergrund Zuschauerrufe, ich stellte die Sendernadel genauer ein, Frankfurt zwischen seltsamen Orten wie Hilversum, Monte Ceneri, Sottens und Beromünster, und als die Namen *Fritz Walter* und *Rahn* fielen und ein erster gewaltiger Schuss, den der Reporter mit einem wuchtigen Stimmstoß nachahmte, zuckte mir der rechte Fuß: Das Wunder war da, es gab eine direkte Verbindung zum Spielfeld in Bern. Dort regnete es heftig, ich stellte mich auf den Regen ein, wie schnell rutscht man auf nassem Rasen, und lief hinter dem Ball her, den ich nicht sah, auf dem Drehstuhl, dem Amtsstuhl vor dem mächtigen Schreibtisch des Vaters, zum Radio gedreht, als könnte ich im Radio etwas sehen, als könnte mein Blick auf den braungelben, vor den Lautsprecher gespannten Stoff oder auf das magische grüne Auge den Verlauf des Spiels beeinflussen und den Ball vor die richtigen Füße lenken.

Ohne eine Sekunde darüber nachdenken zu müssen, lief ich und schoss ich mit auf der Seite der Deutschen, der *Außenseiter*, weil ich mir mitten in Deutschland nichts anderes vorstellen konnte, als gegen die Ungarn zu sein, den *großen Favoriten, den ungekrönten Weltmeister, der seit viereinhalb Jahren in einunddreißig Länderspielen nicht bezwungen wurde.* Außerdem waren die Ungarn mehr oder weniger Kommunisten, gehörten zu den mir seit einem Jahr, seit Juni 1953 verhassten Feinden, und vielleicht spielte auch eine stille Ablehnung großer Favoriten und unbesiegbarer Mächte mit. Ich hatte keinen Funken Sympathie für die *ungekrönte* Fußball-Weltmacht, die mit dem 8:3 im Vorrundenspiel schon vorgeführt hatte, wie sie *uns*, die Unterlegenen, die Kleinen, die *Außenseiter*, fertigmachen konnte.

Unsere tapferen Jungens … hatten es geschafft, gegen diese Macht anzutreten, sie herauszufordern, ihr standzuhalten, und ich versuchte, mit meinen Wünschen *unseren tapferen Jungens* zu helfen. Der Reporter nahm meine heimlichen Gedanken ernst, zog mich mit aufs Spielfeld oder in die erste Reihe der Zuschauer, das war egal, ich war mittendrin, denn bei jedem *uns* oder *unser* oder *wir* war auch ich angesprochen und gehörte schon nach wenigen Minuten mitten in die Gemeinde der Fußballanhänger. Ich rechnete es mir hoch an, dass *wir* so weit gekommen waren bis jetzt, ich fühlte mich stark und immer stärker, vielleicht waren die Ungarn ja doch zu stoppen und die Niederlage zu vermeiden. Aber es drohte Gefahr in jeder Sekunde … *schlechtes Abspiel, Nachschuss, Tor!* 1:0 für die Ungarn … *was wir befürchtet haben, ist eingetreten … der Blitzschlag der Ungarn.* Ich fasste es nicht sofort, völlig überrascht, und das Schlimmste an der Enttäuschung über das Tor war, dass ich mich ertappt fühlte, weil ich dazu beigetragen hatte: Mein Hochgefühl am Radio in Wehrda hatte auf dem Spielfeld in Bern den Gegenschlag ausgelöst. Das Tor fällt immer dann, wenn man überheblich und leichtfertig wird, dann passt man nicht auf, dann passiert es, so viel verstand ich vom Fußball.

Der Reporter versuchte zu trösten … *vergessen wir nicht, Deutschland hat noch nie einen ähnlichen Erfolg errungen …* aber mich tröstete er nicht, das war der Anfang der Niederlage … *die Angriffsmaschine der Ungarn rollt …* und der Schrecken über das Tor war noch nicht geschluckt … *Tschibor wie ein Wirbelwind …* und schoss das zweite, nur zwei Minuten später. Es war alles verloren, meine zitternde Aufmerksamkeit, meine Verneigung vor dem Radio, mein Zucken im Fuß nützten nichts. Auch die anfeuernde Stimme des Reporters half nicht mehr, eben hatte er noch gesagt, *es ist ein großer Tag, es ist ein stolzer Tag, seien wir nicht so vermessen, dass wir glauben, er müsste erfolgreich ausgehen …* jetzt wurde er ruhiger, nüchtern im Ton und stimmte mich auf die Katastrophe ein. Nach acht Minuten zwei Tore, damit war alles entschieden. Es nützte nichts, an das gute Regenwetter zu glauben, das auf unserer Seite sein sollte, *das Fritz-Walter-Wetter,* wir waren wieder Verlierer, wieder gehörte ich zu den Verlierern, der Reporter hatte recht, es war *vermessen* gewesen, Gedanken an einen Sieg zuzulassen, und noch schlimmer war: Auch der schüchterne Mut zu dieser Hoffnung war bestraft, ich hatte mich schon zu weit gewagt mit dem vorsichtigen Wahn von Größe und Sieg, ich schämte mich, drehte den Körper weg vom Radio, suchte den Schutz der Gleichgültigkeit und redete mir ein: Egal, es ist doch ganz egal, wie das Spiel ausgeht.

Und Tor! Tor für Deutschland! Tor! … ein Spagatschritt von Morlock schoss alles wieder weg, was ich gerade gedacht hatte, das Tor stieß die Hoffnung wieder an, nicht völlig unterzugehen … *Gott sei Dank, es steht nicht mehr zwei zu null.* Ich konzentrierte mich, starrte auf das grüne Auge, als sei es der Ball, und schob ihn meinen Spielern zu, die Spieler kämpften auf dem Feld, kämpften auf rutschigem Boden, vor dem deutschen Tor Gefahr, Sekunden später Gefahr vor dem ungarischen Tor … *der Außenseiter stürmt …* in jeder Minute ein Angriff auf der einen wie der anderen Seite, die

Reporterstimme wogte hin, wogte her zwischen *Möglichkeit!* und *Möglichkeit!*, sodass die Weite des Spielfelds und das Mittelfeld durch das Spieltempo wie verkleinert schienen und ich die weißen Pfosten der beiden Tore sehr nah beieinander sah. Schwarzweiß war mein Bild von dem fernen Spiel, nicht nur weil die Deutschen in schwarzen Hosen und weißen Hemden auftraten, sondern weil die Ungarn für mich keine bestimmten Farben hatten oder ich ihnen keine deutliche Farbe gönnte. Ich sah nur kräftige, rohe Gestalten mit bedrohlichen Namen wie *Puschkasch*, *Hidegkuti*, *Tschibor*, sah den Rasen grau, den Regenhimmel grau, die Zuschauer grau, sah die Spielzüge im Tempo der Namen, die der Reporter mal wie ein Stürmer, mal wie ein Verteidiger zu mir herüberflankte, ich wurde Teil der Bewegung zwischen Hell und Dunkel, zwischen Abseits und Aus, war am Ball, war der Ball, hierhin und dorthin getreten, hier auf der Torlinie die letzte Rettung, dort auf der Torlinie, aber ... *der ruhige, eiserne Toni* hält. Einmal Atem holen ... *Ecke für Deutschland, und ... Tor! Tor! Eckball von Fritz Walter, Tor von Rahn! Aus null zu zwei zwei zu zwei! Ja ist es zu glauben, wir haben ausgeglichen gegen Ungarn, die großartigste Technikerelf, die man kennt!*

Die Stimme bebte, ich bebte mit, ich schrie nicht

auf, durfte während der Mittagsruhe den Torschrei nicht mit meiner Stimme verstärken, denn der Ofen war durch einen Schacht mit dem Kachelofen im Zimmer der Großeltern verbunden und übertrug jedes auffällige Geräusch direkt nach oben. *Und wieder stürmt Deutschland …* die leise laute Stimme hob mich, peitschte mich zu einer Regung auf, die mich gleichzeitig in einen stimmlosen Stillstand versetzte, ich fühlte den Sturm der Gefühle, den das zweite Tor in mir ausgelöst hatte, aber ich hatte kein Ventil dafür, durfte keins haben, also staute ich alles auf, sammelte, speicherte und hielt still … *Kinder, ist das eine Aufregung!*

Ich hatte noch nie eine Fußballreportage gehört, immer öfter fielen Wörter, die nichts mit Fußball zu tun hatten … *Wunder! … Gott sei Dank! … So haben wir alle gehofft, gebetet!* … und ich staunte, dass der Reporter das Wort *glauben* mit mehr Inbrunst als ein Pfarrer oder Religionslehrer aussprechen konnte. Beinah wieder ein Tor für Ungarn, beinah ein Tor für Deutschland, und wieder hielt Toni Turek einen *unmöglichen* Ball, wieder Gefahr, der Ball im Tor, nein … *Turek, du bist ein Teufelskerl! Turek, du bist ein Fußballgott!*

Ich erschrak über diese Sätze und freute mich gleichzeitig, dass Turek gehalten hatte, aber der Schrecken saß tiefer, und im Abklingen des Echos dieser Rufe begann ich auf die schüchternste Weise zu ahnen, was für Schreie das waren: eine neue Form der Anbetung, ein lästerlicher, unerhörter Gottesdienst, eine heidnische Messe, in der einer gleichzeitig als Teufel und Gott angerufen wurde. Auch wenn es nicht wörtlich gemeint war, Phrasen des Jubels nur, ich drehte die Lautstärke noch ein wenig herunter, weil es mir peinlich gewesen wäre, wenn jemand mich beim Hören von Wörtern wie *Fußballgott* abgehört hätte. Ich sträubte mich gegen diese Lästerung und bot alle meine angelernten Argumente dagegen auf: *Du sollst keine anderen Götter haben neben mir, Du sollst den Namen des Herrn nicht unnützlich führen*, und doch gefiel mir, noch immer gebannt vom Nachklang der drei Silben *Fußballgott*, dass dieser Gott sehr menschlich war, dass da Götter, statt blutend am Kreuz zu hängen, für mich im Tor standen oder Tore schossen, sich abrackerten im strömenden Regen und kämpften wie *Liebrich, Liebrich, immer wieder Liebrich*, und langsam ahnte ich, weshalb meine Eltern für den Fußball und für meine schüchterne Neigung zu diesem Sport nichts übrighatten und hier vielleicht die Konkurrenz anderer, lebendigerer Götter fürchteten.

Die Spannung des Spiels lockerte meine widerspenstigen Schuldgefühle, gegen das erste Gebot zu verstoßen durch bloßes Zuhören, ich fand von Minute zu Minute mehr Gefallen daran, einen heimlichen Gott, einen *Fußballgott*, neben dem Herrgott zu haben. Der Mann der Gebote hing direkt hinter mir an der Wand, ich sah mich um, auf einem postkartengroßen, goldgerahmten Bild hielt ein braundunkler, bärtiger Moses die Feder und nahm das Diktat der Zehn Gebote entgegen, aber er blickte zur Seite, zum Herrn, schrieb mit der Gänsefeder und kümmerte sich um die Gotteslästerung des Reporters und meinen Anflug der Zustimmung nicht.

Ich war allein, aber umstellt von Bildern und Gegenständen, die das Zimmer zum Amts- und Gotteszimmer machten, wo Predigten geschrieben, Andachten gehalten, Anweisungen an Brautpaare und Taufpaten gegeben wurden, wo die Bücher dunkel hinter Glas aufgereiht auf ihre staubige Auferstehung warteten, wo die Strenge zweier Kreuze die Wände markierte und die dreifache Rose als Familienwappen ein Schmuck war, hier musste man sich jeden Vormittag um elf zu einem kurzen Gebet versammeln, hier wertete mein Vater die Wunder Jesu aus dem Heiligen Land für die Bauern von Wehrda, Rhina, Schletzenrod und Wetzlos aus, hier wälzte er das Wort Gottes um und schöpfte Erkenntnisse, Zitate, Stichworte, hier wollte er nicht gestört sein und spielte die bekannten Kirchenlieder auf dem Klavier, hier teilte er Prügel und Geschenke aus: Wenn die Zehn Gebote irgendwo galten, dann hier. Die Rufe des Reporters *Ein Wunder! ... gebetet! ... Fußballgott!* klangen in meinen Ohren nach und rüttelten an allem, was ich in diesem Zimmer sah, aber die Kreuze waren nicht von der Wand gerutscht, der Ermunterungsspruch in halbverständlichem Latein für den Seelsorger VENI SANCTE SPIRITUS / PASCE PASTOREM / DUC DUCEM / APERI APERTURO / DA DATURO prangte in gespreizter Schönschrift unter dem Kreuz, ohne dass der Heilige Geist dazwischengefahren war, die dicke HEILIGE SCHRIFT lag wie ein schwarzer Kindergrabstein auf dem grünen Filz des Schreibtischs, und als der Reporter von unserem *Schutzengel* sprach, rührten sich die Musikengel über dem Klavier so wenig wie der Engel der Verkündigung gegenüber an der Wand, der steif vor der knienden Maria im Säulengang die segnenden Hände hob. Immer besser gefiel mir die Lästerung, und in diesen Minuten rückte ich ab von der dreieinigen Besatzungsmacht Gott, Jesus und Heiliger Geist und begann, an einen *Fußballgott* und Außenseitergott zu glauben, und nicht nur an einen, denn wenn Turek ein *Fußballgott* war, dann mussten die anderen zehn auch so etwas wie Götter sein.

Unentschieden ging es in Bern hin und her … *an den Pfosten, an den Pfosten! Turek war schon geschlagen* … und im schnellen Spiel mit überraschenden Wechseln vom einen in den anderen Strafraum klammerte ich mich weiter an die Namen, die der Reporter nannte, *Kohlmeyer, Posipal, Ottmar Walter*, die gerade den Ball führten, schossen, köpften, stoppten, hielten. Ich atmete auf, wenn die guten Namen fielen, *Eckel der Windhund, May mit einem Kämpferherzen ohnegleichen, Rahn aus Essen, Fritz ist überall*, während ich bei den ungarischen Namen zuckte und das Schlimmste erwartete von *Puschkasch, Hidegkuti, Lorant, Butschanski, Zakarias*, jeder dieser zischenden, tückischen Namen schmerzte wie ein Stich … *wieder die Ungarn … die Ungarn sind am Drücker … die Ungarn mit aller Macht.*

Ich lehnte mich zurück im Stuhl, drehte zum Schreibtisch mit Telefon, Tintenfass, Füllhalter, Bleistiften, Rotstiften und Briefen … *ein ungeheures Tempo* … nahm den Brieföffner in die Hand, ohne es zu merken, hielt den Elfenbeingriff, suchte meine Gegner, drehte mich nach allen Seiten, sah Kreuze und Engel und Jesus und Moses und das große Foto, gerahmt mit dem Portal der Kathedrale von Chartres … *wundervolle Kombination der Deutschen* … und legte den Brieföffner zurück.

In meiner Spannung wollte ich durchs Zimmer gehen, am Bücherregal entlang, zum Sofa in der Ecke oder um die Festung Schreibtisch herum, aber ich blieb auf dem Platz, von dem die väterliche Gewalt ausging, von dem aus er die Gemeinden in vier Dörfern regierte, ich konnte nicht weg vom Gerät, aus dem meine frohe Botschaft kam. Die Stimme hatte mich wieder nah an den Lautsprecher gezogen, unter dem Radio das *Stuttgarter Biblische Nachschlagewerk*, das *Evangelische Kirchenlexikon*, Predigthilfen, Kommentare, Aktenordner, das Werkzeug des Vaters, der schlief oder schon nicht mehr schlief, ich wusste die Uhrzeit nicht, es zählten nur die Spielminuten ... *sechs Minuten noch, zwei zu zwei, das ist mehr, als wir in unsern kühnsten Träumen erwartet haben.*

Über dem Radiogerät der Triumphbogen, ein Kupferstich aus Rom mit einer Szene am Rand des Forums ... *ein einmaliger Tag in unserer Fußballgeschichte ... und jetzt wieder Deutschland ...* ich wollte jetzt nicht an Rom denken, musste aber in der wachsenden Aufregung meinen Blick irgendwo anbinden, Rom war viel weiter als Bern, das Bild bewegte sich nicht, *Veduta dell'Arco di Settimio* stand darunter, ein halbversunkener Triumphbogen vorn und eine endlose Treppe im Hintergrund, wenige, winzige Menschen, ein Esel, keine Farbe, trotz feiner Striche eher düster und leer, beherrscht von hohen Gebäuden mit dunklen Wänden, schwarzen Türlöchern, eine Steinwelt … *Schäfer müsste schießen! Abgewehrt! Und Nachschuss! Abgewehrt!* … ich verstand nicht, weshalb mein Vater seine Erinnerung an Rom gerade an dieses Bild heftete … *liebe Ungarn, jetzt müssen wir sagen, jetzt habt ihr Glück gehabt! Kinder, Kinder, Kinder, zwei Minuten vor Halbzeit die mögliche Führung für Deutschland!*

Der Reporter dachte auch an mich, dachte an die Kinder, und es war mir egal, ob das nur eine Redensart war, er bezog mich ein, er wusste, wie ich fühlte und was ich hoffte, besser jedenfalls als die Tante Jo vom *Kinderfunk im Hessenlande* und das *Heißa und da sind wir immer froh*, jetzt war ich, in Spannung verkrampft, wirklich froh, geführt von einer Stimme, die das Spiel zu mir brachte und mich mitspielen ließ. Was ich hörte, wärmte mich, anders als die Vaterstimme, von innen, es schien mir, als sei alles, was mich blockierte, gelockert, als dürfe ich hier endlich so fühlen, wie ich mich wohl fühlte, trotz der wachsamen Nähe all der dicken schwarzen Bücher und der Pfarreraktentasche. Aber das Spiel war noch nicht vorbei, ich schaute auf das Rombild, auf die Treppenstufen, hinauf, hinab, auf das feine schwarzweiße Gefüge des Stichs, eine Frau im Vordergrund streckte den Arm weit aus, zum Triumphbogen hin, der mit seiner gestrichelten Steinlast und den Steinmustern zu meiner schwarzweißen Wahrnehmung des fernen Spiels passte. Das Spiel war noch nicht vorbei, über meine Gefühle das letzte Wort nicht gesprochen, ein Schuss, ein Abwehrfehler konnte wieder alles zunichtemachen … *Kopfball von Kotschitsch! Am Tor vorbei!* Einer verletzt, Eckel verletzt, wie wird es weitergehen … *Sepp Herberger; er scheint die Ruhe selbst zu sein, aber wie mag es in ihm aussehen …* muss Eckel aufhören, blutet er, blutet die Mannschaft … *wieder die Ungarn …* und noch einmal … *aber der Abpfiff erlöst uns …* der Abpfiff erlöste mich, die Zeit wurde angehalten, Pause zehn Minuten … *wir bitten Sie, die Leistung unserer Mannschaft in Ihren Herzen so anzuerkennen, wie sie es verdient.*

Das Blut blieb nicht in den Adern, das Blut blieb nicht in der Wunde, es trocknete nicht, es floss ohne aufzuhören, wohin lief das Blut, wer fing es auf, wohin fiel der blutleere Körper, wer fing den Körper auf, ich wollte nicht wissen, was der Lehrer da vorne erzählte von einem Bluter, ein Junge, etwas älter als wir, der an seinem Blut sterben musste und nicht mehr zu retten war, und ich verstand nicht, warum diese Geschichte, die schon in der *Hersfelder Zeitung* gestanden hatte, im Deutschunterricht erzählt wurde, vielleicht hatte ich wieder nicht richtig aufgepasst, wieder den entscheidenden Punkt nicht begriffen, schon nach wenigen Sätzen des Lehrers war die Erzählung lebendig geworden, ich sah den Jungen bluten und immer bleicher werden, ich wehrte mich gegen die Geschichte, wehrte mich gegen die immer deutlicheren Bilder, konnte das Blut nicht stoppen, das Blut stand nicht still, ich sah den Bluter in einem weißen Bett liegen und um ihn herum ratlose Ärzte und Eltern das Blut auffangen mit Schüsseln, das Blut lief aus der Wunde, ich sah die Blutquelle auf dem Arm des Jungen, es gab kein Medikament, das Blut gerinnen zu lassen, man konnte die Wunde nur abdecken, zustopfen, hochlegen, aber das half wenig, das Blut quoll weiter durch Pflaster und Binden, und ich dachte, jetzt ist es genug, jetzt muss er endlich aufhören, der Lehrer, ich will es so genau nicht wissen, ich kann Blut nicht sehen, ich will es nicht sehen, und ganz wild auf die Blutgeschichte, so schien mir, lauschten die dreißig Jungen um mich herum dem Lehrer, der nun berichtete, dass diese Krankheit vererbt werde und oft unter Adligen vorkomme, und ich wollte nicht weiter hinhören, ich kannte das alles vom Nasenbluten, wenn die warme rote schwere Flüssigkeit aus der Nase troff und Lappen und Tücher und Nasendrücken und Nackenkühlen das Blut nicht bremsten und erst nach vielen Minuten allmählich gerinnen ließen, und ich, die blutigen Taschentücher in der Hand vor der Nase, auf dem Sofa lag und entkräftet die Frage nicht abwehren konnte, ob ich auch ein Bluter oder wie nah den Blutern und warum es immer so elend lang dauerte, bis diese peinliche Tortur zu Ende war, es war genug, ich sah das Blut, ich roch es, ich fühlte seine vertrauliche, tückische Wärme, es war genug, endlich hörte der Lehrer auf mit der Geschichte, aber dann fragte einer nach, und wieder ging es los mit Gerinnung und Vererbung, ich konnte es nicht mehr hören, der Hinweis auf die Adligen beruhigte mich überhaupt nicht, ich war ja selber zur Hälfte von Adel, stammte von Leuten ab, die sich etwas einbildeten auf das Von und das blaue Blut, auf das Bluterblut, das direkt in den Tod führte bei der geringsten Gefahr und kleinsten Verletzung, ich hatte Angst vor dem Blut, kannte das Blut auf den Jesusbildern, das Blut auf der Stirn unter der Dornenkrone, das Blut fein ausgemalt auf den Wundmalen auf dem Bauch über dem Tuch, Jesus mit dem Leidensgesicht, mit Blutspuren auf dem schwer herabhängenden Körper im Todeskampf, der mir beweisen sollte: Im Tod, im Blut ist das Leben, und der verwundbare, schuldige Körper ist ein Ort des Leidens und der Schmerzen, die nötig sind, um am Ende auch mich zu erlösen, das Blut, das Christus *vergossen* hatte, sollte auch für mich *vergossen* sein, sollte für mich sein, aber das Blut, das da ohne zu gerinnen *vergossen* wurde, quälte mich nur, es machte den Körper leer, schlaff, bleich, tot, Christus quälte mich mit seinem Blut, es floss aus seinem Körper, aus dem Körper des Bluters, aus meinem Körper, es floss in den Raum, es floss mir entgegen, es war gegen mich, das Blut warf mich um, ich konnte nicht schwimmen und ertrank im Bild vom fließenden Blut, ich konnte kein Blut sehen und war schon öfter umgefallen, als ich Blut sah, ich fühlte meine Schwäche und wollte nicht umfallen, in der Schule schon gar nicht, ein stolzer Sextaner, ein Lateiner auf der Alten Klosterschule, der Schule von Konrad Duden, du fällst schon auf wegen deines Schweigens und Stotterns, du fällst schon auf wegen deiner Schwäche in fast allen Fächern, fall nicht auf, du darfst nicht umfallen, ich wollte nichts hören vom Blut, jedes neue Wort über diesen Bluter tat mir weh, jede Silbe machte mich schwächer, als zapfe mir jemand mit Gewalt das Blut ab, als sei ich der Bluter oder noch schlimmer dran als der Bluter, weil mir allein von dem einfachen, einsilbigen Wort Blut schwach wird, einer, der seine Bilder im Kopf nicht gerinnen lassen kann und deshalb ohnmächtig wird, ich fühlte den Kopfschmerz, die Kopfleere und sah keinen Ausweg, traute mich nicht, meine Schwäche zu zeigen und die Schulbank, den Raum zu verlassen, hinaus in den Schweiß- und Bohnerwachsgeruch des Flurs, hinaus in den Hof, immer versuchte ich wegzulaufen, wenn ich kein Blut sehen und riechen wollte oder keine schlimmen Krankengeschichten hören, jetzt wollte ich stark sein und einmal den Kampf gewinnen gegen das Blut, aber wieder fragte einer, wieder holte der Lehrer aus, ich hörte weg, hielt die Ohren zu und versuchte, mich in andere Phantasien zu retten und fortzulaufen, dachte an das Eis für zehn Pfennig an der Sportschenke vor der Abfahrt des Busses, aber das Blut hatte mir jeden Appetit genommen, dachte an blühende Kirschbäume auf blühenden Wiesen und fühlte trotzdem das Blut in mir pochen und zugleich immer weniger werden und fühlte die Scham, dass mir von einer bloßen Geschichte aus der Zeitung schlecht wurde, und die Scham, so ein verkrampftes, unglückliches Verhältnis zu dem Stoff zu haben, der mir, der allen durch die Adern, durch den Körper floss und mich und alle am Leben erhielt, die Wunde schloss sich nicht, die Wunde blieb offen, es tropfte und quoll und floss immer weiter,

meine Adern waren leer, meine Beine, Arme, der ganze Leib immer schwerer und schlaffer, und der Kopf glitt leicht wie ein Ballon abwärts, während die Bilder kippten –
und ich wachte auf vom Stimmengewirr, mein Blick wachte auf im Gartengrün, ich stand am offenen Fenster, der Lehrer und zwei Mitschüler hielten mich fest, der Lehrer sagte: »Tief durchatmen!«, und war erleichtert, dass ich aufwachte, und hinter mir, neben mir dreißig Jungen mit aufgeregten Stimmen: Ich stand in der Mitte, atmete die frische Luft ein und war die Sensation des Tages.

»Schon vorbei, dein Fußball?«, fragte der Vater. – »Nein, Halbzeit. Unentschieden steht es! Unentschieden, zwei zu zwei!« – »Na doll!« Sein Tonfall überzeugte mich nicht ganz, aber ehe ich herausgefunden hatte, ob er das Unentschieden wirklich für eine Sensation hielt, erschrak ich über mich: Ich hatte plötzlich »zwei zu zwei« gesagt, hatte die schwierigsten Wörter über die Zunge gebracht, ohne zu stottern. Ich wusste nicht, ob mein Vater das gemerkt und mit »Na doll!« vielleicht mich gemeint hatte, ich war so verwirrt über meine Leistung, dass ich schnell vom Bad ins Amtszimmer zurücklief.

Aus dem Radio schwappte Tanzmusik, nebenan

im Wohn- und Esszimmer deckte die Mutter den Kaffeetisch. Ich hätte die Lautstärke erhöhen können, die Mittagsschläfer waren aufgestanden, aber ich ließ die Musik leise spielen, die schnellen, flotten Klänge waren mir fremd, passten nicht hierher, passten nicht zu diesem Radio, das nur kirchliche Sendungen oder *Die Glocken läuten den Sonntag ein*, den Kinderfunk und manchmal ein Sinfoniekonzert ausstrahlte. Hier regierte das Wort, und selbst das Klavier, das neben der Flurtür wuchtig in der Ecke stand, wurde zu nichts anderem gebraucht als zur Begleitung der Worte beim Singen, als seien die Tasten in den Kirchenfarben Schwarz und Weiß nur für Kirchenlieder geschaffen von Felix Holzweissig aus Leipzig.

Ich wollte noch nicht sitzen und lief vor dem Bücherregal auf und ab, wartete auf die zweite Halbzeit, auf das Ende der Musik, meine Schritte passten nicht zu den Takten aus dem Radio. Um an die Bücher heranzukommen, musste man erst die holzgefasste Glasscheibe vor jedem Regalteil an zwei Griffen anheben und, wenn sie waagerecht stand, nach hinten schieben, ehe man die Bücher anfassen und aufschlagen konnte. Neben Zeitschriften, Predigthilfen, Bibelkommentaren und *Karl Barth Kirchliche Dogmatik* behaupteten gewichtige Bücher ihren Platz, die mit Lederrücken hatte mein Vater von seinem Vater geerbt, *Gregorovius Wanderjahre in Italien, Hiltebrandt Der Kampf ums Mittelmeer, O. Jäger Weltgeschichte, Meyers Kleines Konversationslexikon, Ranke Fürsten und Völker von Süd-Europa, Hamann Geschichte der Kunst.* Alle die *guten Bücher* hinter den Glasscheiben reizten mich nicht, ich suchte mich abzulenken mit dem geordneten Bild aus Schrift, Farbe und Mustern, weiter unten die schwarz- und goldgeprägten Rücken der *Gesammelten Werke Raabe, Keller, Reuter*, eine ferne und geerbte Romanwelt mit lästigen Frakturbuchstaben, *Shakespeare, Schiller, Goethe, Storm*, dann die Rücken mit neueren Umschlägen und seltsamen Titeln wie *Gollwitzer Führen wohin du nicht willst* oder *Klepper Der Vater* oder *Glasenapp Weisheit.*

Die Musik brach ab … *Sie hörten das Tanzorchester des Hessischen Rundfunks unter der Leitung von Willy Berking* … ich setzte mich wieder auf den Drehstuhl zwischen Fenster, Radio und Schreibtisch, unter den postkartengroßen Moses, unter die Familienrose, unter den römischen Triumphbogen, und war auf alles gefasst, den Sieg, die Niederlage, das ewige Unentschieden.

Wir melden uns also wieder aus Bern … ferne Zuschauerrufe, Lautsprecherdurchsagen, Aufregung in der Luft. Der Reporter fand sofort wieder den

Ton meiner Spannung und Begeisterung, lenkte sie mit seiner Stimme aufs Spielfeld und fütterte die Ohren mit mitreißenden und beruhigenden Sätzen, nach denen ich schon süchtig geworden war … *der Außenseiter hat gleich gute Chancen …* Das Blatt hatte sich gewendet, der Außenseiter war kein Außenseiter mehr, es durfte gehofft werden auf mehr als ein Unentschieden, und ohne es direkt zu sagen, hielt der Reporter einen Sieg für möglich … *Puschkasch allein! Acht Meter vor dem Tor! …* sofort durchkreuzten die Ungarn alle verwegenen, winzigen Hoffnungsgedanken. Nein, wir durften nicht überheblich werden, die Mannschaft, ich und der Reporter, der schnell wieder zaghaft und vorsichtig sprach … *sollte auch uns daran erinnern, dass es bei aller Freude, allem Einsatz lediglich um ein Spiel geht …* Ein Spiel! Da irrte er, das wusste ich besser, es war viel mehr, ein Spiel war alles, was nicht auf die Schule bezogen oder auf Gott hingezerrt war, was man mit Freunden oder Geschwistern oder allein spielte, aber das, was ich da hörte, war viel mehr als alle Spiele zusammen.

Zwei zu zwei, und die Ungarn stürmen … wieder wechselten die Szenen … *blitzartig! Abgewehrt! Nachschuss! Wieder abgewehrt! … und Hidegkuti – schießt vorbei! …* ich sah den Ball, den ich nicht sah, vor dem deutschen Tor, im deutschen

Tor, zweimal, dreimal, aber ... *Liebrich, immer wieder Liebrich ... und Rahn zu May und May zu Eckel, Eckel zu Rahn, Applaus für den deutschen Sturm* ... und wieder ... *Gefahr! ... auf der Torlinie gerettet ... Liebrich rettet, rettet, rettet uns ... eine herrliche Zusammenarbeit unserer deutschen Abwehrspieler!*

Ich spielte am liebsten Abwehrspieler, rechter Verteidiger, Kohlmeyer, aber von Minute zu Minute wurde ich immer mehr Liebrich, Mittelläufer, immer deutlicher setzte sich das Bild von Liebrich zusammen, dessen Namen ich erst seit wenigen Tagen kannte und der nun in mir aufstieg, immer bei Gefahr ging *Liebrich, der Blonde*, dazwischen, und ich, der Verteidiger, der blonde, richtete meine Neigung, meine Hoffnung immer öfter auf diesen einen Mann ... *achtzehn Spieler im deutschen Strafraum* ... und Liebrich rettet. Der Reporter pries *Glück und Können* der Hintermannschaft, ich war Teil dieser Mannschaft und freute mich an unserem Können, es gab da also ein Können ohne Gehorsam und Gebet, ein Können, das nicht von oben gesegnet und abgesegnet war, und es gab Glück, ganz einfach Glück ohne Wenn und Aber und Scham und ohne die störenden Angriffe eines Gewissens, ich nahm teil an diesem Glück, von dem keiner im Haus etwas ahnte, ich war verbunden mit fernen Menschen, anderen Kräften, ich holte mir trotzdem rasch ein Stück Sandkuchen und schluckte hastig die Bissen hinunter, als müsse ich sofort wieder einsatzbereit sein auf dem Spielfeld.

Ja, ob in Hamburg, ob in München, in Bonn, in Köln, ob in Frankfurt, Sie alle, alle, die Sie jetzt einen Lautsprecher haben werden, Sie werden hoffentlich dabei sein und den Daumen drücken für unsere tapferen Jungens … ich gehorchte, stopfte den Rest des Kuchens in den Mund und drückte den Daumen, wusste nicht genau, wie man das am wirkungsvollsten tat, mit der linken Hand den rechten Daumen oder beide Daumen gegeneinander oder den Daumen in der noch krümeligen Handmulde von allen Fingern gedrückt oder Daumen und Zeigefinger beider Hände fest zusammen, ich probierte es mal so, mal so, brachte alle Kräfte auf gegen die Ungarn, die wieder das deutsche Tor belagerten und von allen Seiten beschossen … *Kopfball! An die Querlatte! Und kein Tor! Zwei zu zwei, nachdem Turek schon geschlagen schien!* … ich drückte zu stark, ich musste nachlassen … *mein Kompliment für Sie, meine lieben Zuhörerinnen und Zuhörer, Ihr Daumendrücken hat in den letzten drei Minuten geholfen, denn sonst stände es drei zu zwei für Ungarn.*

Es wurde ruhiger in Bern, es wurde nicht ruhiger in mir, ich hörte Kaffeegeschirr, in Bern regnete es weiter, draußen zogen die Wolken grau vorbei, ich hatte die Lautstärke etwas aufgedreht und fuhr plötzlich hoch, weil ich meinen Vater neben dem Schreibtisch bemerkte. Ich erschrak weniger über ihn oder seine große Gestalt als über seine plötzliche Anwesenheit, seine aufdringliche Nähe … *Liebrich, Liebrich, wenn wir dich nicht hätten! …* solche Sätze voller Begeisterung, denen ich mich ausgeliefert hatte, waren mir vor dem Vater peinlich, der nachsichtig lächelte und trotzdem in der Reporterstimme die Stimme eines fernen Konkurrenten wittern mochte … *und Liebrich, Liebrich, nimm ihn!* Ich wollte nicht, dass er solche Sätze hörte, seine Anwesenheit lenkte mich ab, ich wollte nicht gestört werden, ich schämte mich. Ich sagte: »Immer noch unentschieden!«, und drückte mich tiefer in den Stuhl, der sein Amtsstuhl war, und tat so, als berühre mich das Spiel nicht besonders, während ich andächtig die Stichworte aus dem Radio empfing. Wenn der Name Liebrich fiel, war ich Liebrich, wenn Kohlmeyer, dann Kohlmeyer, und ebenso war ich vollauf beschäftigt als Fritz Walter und Turek und Rahn, ich konnte nur ein wenig aufatmen, wenn der Reporter *Posipal!* rief, für die Verteidigung links war ich nicht zuständig, oder

Eckel! und *May!*, als Außenläufer war ich zu langsam, auch als Linksaußen wie Schäfer oder Stürmer wie Ottmar Walter oder Morlock taugte ich nicht, ich war Liebrich und mehr als Liebrich, in fünffacher Gestalt auf dem nassen Rasen von Bern, *überall* wie Fritz, *in der Luft* wie Toni, *pfeilschnell* wie Rahn, *sicher* wie Kohlmeyer, *kämpferisch* wie Liebrich. Der Vater nahm ein Buch aus der Aktentasche und kündigte seine Abfahrt nach Rhina an, er blieb nur zwei oder drei Minuten, aber jede Sekunde seiner Anwesenheit und jedes Wort störten, ich wurde ungeduldig, die Ablenkung bedeutete Gefahr für meine Mannschaft und Gefahr für mich, ertappt zu werden, wie ich mich vor seinem Radio von seinen Kreuzen und Altären abwandte, anderen Stimmen anvertraute und andere Anbetungen übte. Ich atmete auf, als er das Zimmer verließ, atmete auf, weil in diesen Augenblicken kein Tor gefallen war auf der einen oder der anderen Seite, und Sätze wie … *Liebrich, Liebrich springt hoch wie ein Weltrekordhochspringer* … halfen, mich schnell wieder in den Helden des Tages zu verwandeln.

Die zweite Halbzeit war zur Hälfte vorbei … *Deutschland hält sich großartig* … immer wieder fielen *die melodischen Namen der Puszta-Söhne*, die ich gar nicht melodisch fand, weil sie immer wieder Gefahr brachten, weil sie nur dazu da waren, mir die unvermeidliche Niederlage zuzufügen, im entscheidenden Moment zuzustoßen, auch wenn sie keine Messer hatten und nicht gerade Abraham hießen. Sie waren *ungeschlagen*, sie waren *die Angriffsmaschine*, die Gewinner, auch wenn alles tückisch ausgeglichen war bis jetzt und das Spiel im Rhythmus der Worte des Reporters hin- und herwogte: *Könnte schießen! Schießt! Schießt! Abgewehrt! Nachschuss! Abgewehrt! Der Ball wäre drin gewesen!*

Ich hörte draußen das Motorrad, der Vater fuhr los, ich sah ihm nicht nach aus dem Fenster, ich sah die Spieler, wirbelnd in Bewegung, rennen, springen, hechten, köpfen, dribbeln. Ab und an rissen oder verwischten die bewegten Bilder, weil ich nur aus der Nennung der Namen und der knappen Beschreibung des Zusammenspiels oder der Zweikämpfe den Weg des Balles und die Vorstöße der Spieler zusammensetzte, darum brauchte ich für meine Vorstellung die einzigen mir bekannten fußballerischen Bewegungen der Spieler des F.C. Wehrda und übertrug ihren Spielstil in das Berner Stadion. Deutschland und Wehrda waren sich ähnlich, der ehemalige Meister der A-Klasse trug auch weiße Hemden, allerdings grüne Hosen statt schwarze, die Spieler aus Steinbach,

Eiterfeld oder Hünfeld waren die Ungarn, ich sah den Wehrdaer Sportplatz endlos horizontal verlängert über die hessischen Berge und Wälder bis in die Schweiz hinunter. Der Himmel schüttete seinen gnädigen Regen über die Spieler hinab, *das Fritz-Walter-Wetter* hielt an, aber sonst hatte der Himmel, hatten Vater, Sohn und Heiliger Geist hier nichts zu bestellen, hier flehte niemand nach oben, hier war nichts bestimmt oder vorherbestimmt, hier funkte keiner aus der Hierarchie Gott, Vater, Mutter und Großvater dazwischen. Hier schaute ich ins Weite, nach vorn, und hier regierte nicht einer, sondern ein Team mit einem Kapitän, einem ganz anderen Kapitän als mein Großvater im U-Boot, hier waren elf Mann mit *enormer Einsatzfreude dabei*, alle mussten gut sein, alle waren aufeinander angewiesen, keiner durfte *abseits* stehen, das Prinzip des Gehorchens oder Fügens oder Anpassens oder Wegtauchens galt hier nicht, es zählten nur die hellwache Lebendigkeit eines *Dribbelkönigs* und der Spieler mit *Dynamit in den Füßen.*

Trotzdem wusste ich, dass alle Anstrengung vergeblich war, die Niederlage am Ende stand fest wie die Macht der Ungarn, der Ungeschlagenen … *einundzwanzig Spieler in der deutschen Hälfte …* ein Gegenangriff, Erholung … *jetzt ein Angriff der*

Ungarn, Turek heraus, Nachschuss Hidegkuti! – Toni, Toni, du bist Gold wert, du bist mindestens so schwer in Gold aufzuwiegen wie der Coup Rimet … Gold, echtes Gold, Geld, Reichtum, wieder ein anstößiger Vergleich, ein Mensch goldgleich, was für eine Sünde, so zu denken, so etwas laut zu sagen, was hatte das Spiel mit Gold zu tun, nach Gold und Geld durfte ich nicht streben, *eher ein Kamel durch das Nadelöhr als ein Reicher in den Himmel*, Geld war der Anfang des Weges zur Hölle, die Verführung, Materialismus. Gold war im Märchen, in den Ringen, in Zähnen erlaubt, alles andere führte direkt zum *Goldenen Kalb*, das die Israeliten angebetet und umtanzt hatten, statt auf Moses und Gottes Gebote zu warten. Nun wurden meine Helden schon in Gold aufgewogen, ich versuchte mir das vorzustellen, um meine Verwirrung besser zu fassen: eine Waage, ein Goldhaufen, glücklich goldglänzende Gesichter in der Sonne, das Bild blendete.

Plötzlich sagte er … *noch zehn Minuten* … jetzt zählten die Sekunden, und das Tempo, das Hin und Her steigerte sich wieder, die Reporterstimme überschlug sich, und wieder Hidegkuti, und wieder Fritz, und wieder ein Eckball für Deutschland … *unser Fritz läuft an, halten Sie die Daumen zu Hause! Halten Sie sie, und wenn Sie sie vor Schmerz zerdrücken, jetzt ist es egal, drücken Sie! …* und wieder nichts, und wieder Eckel, und wieder Hidegkuti, und wieder Puschkasch, und wieder Hidegkuti, und wieder Todt, und wieder Kotschitsch und Puschkasch, und … *Kopfabwehr von Liebrich, immer wieder Liebrich …* und wieder Applaus, und Rahn und Ottmar, Fritz und wieder Schäfer, Morlock, Zakarias, und wieder Puschkasch, und wieder Eckel, und Freistoß, und wieder Gefahr, und wieder Kotschitsch, aber Turek, und *die deutsche Angriffsmaschine*, und wieder Lorant und … *sechs Minuten noch, keiner wankt, der Regen prasselt unaufhörlich hernieder, es ist schwer, aber die Zuschauer, sie harren aus, wann sieht man ein solches Endspiel, so ausgeglichen, so packend …* Ich harrte aus, ich ertrug die Spannung nicht mehr, das Ergebnis war mir fast egal, Hauptsache, die Strapazen des Spiels in ein paar Minuten vorbei … *Schäfer, nach innen geflankt, Kopfball, abgewehrt, aus dem Hintergrund müsste Rahn schießen, Rahn schießt! Tor! Tor! Tor! Tor! Tor für Deutschland!*

Während die schreiende, elektrisierte Stimme fast das Radio auseinanderriss, das versteckte Metall in dem Kasten von den Torschreien vibrierte und der Stoffbezug vor dem Lautsprecher zitterte, während das Gerät in allen Fugen knisterte und der

Reporter schwieg wie erschossen, drangen aus dem Hintergrund Schreie, von Händeklatschen und Jubel unterstrichen, aus dem Berner Stadion an mein Ohr, und ich riss, obwohl ich noch nichts begriff, eher hilflos als triumphierend die Arme hoch und rief leiser, als ich wollte: »Tor!«, leise, weil ich meine Freude noch nicht spürte, sondern nur den Reflex auf die Schreie aus dem vibrierenden Kasten, ehe der Reporter wieder zur Sprache fand: ... *drei zu zwei führt Deutschland, fünf Minuten vor Spielende! Halten Sie mich für verrückt, halten Sie mich für übergeschnappt!*

Ich hielt ihn nicht für verrückt, nicht für übergeschnappt, ich war auf das Tor nicht gefasst, auf den Sieg nicht, ich rief noch einmal »Tor!«, nun etwas lauter, als müsste ich mit meiner Stimme den Beweis liefern, dass wirklich ein Tor für uns gefallen war. Niemand antwortete, weder die Mutter noch Geschwister oder Großeltern liefen herbei, und doch durfte ich jetzt nicht zweifeln ... *und jetzt Daumenhalten, viereinhalb Minuten Daumenhalten.* Die Kreuze an der Wand schrumpften, die Gottesgespenster hielten still wie geschlagen, die Engel, immer lauernd auf Gelegenheiten zu Lob und Jubel, drückten keine Daumen, standen ungerührt im Gold ihrer Bilder, verharrten gebannt in ihren himmlischen Gesten, provozierend still mit ihren Posaunen … *drei zu zwei, und die Ungarn wie von der Tarantel gestochen.* Ich drückte die Daumen und konnte nicht fassen, warum ich sie so drückte, die Ungarn waren dabei zu verlieren, sie drehten *den siebten oder zwölften Gang auf … kein Tor! Kein Tor! Kein Tor! Puschkasch abseits!* … die Macht wankte, sie war fast geschlagen, das Unterste war zuoberst, plötzlich ergab der Bibelsatz einen Sinn, *Die Letzten werden die Ersten sein*, und es lag auch an meinem Daumen, an meinem Willen, ob dieser Traum anhielt, ob er wahr werden sollte … *noch vier Minuten … Hidegkuti … Turek am Boden …* es konnte nicht wahr sein, was ich hörte, die *ungekrönten Weltmeister* am Ende, beinah geschlagen mit einem Tor, es konnte nicht wahr sein, gegen die Favoriten Sieger zu bleiben, die seit viereinhalb Jahren nicht verloren hatten.

Noch drei Minuten … und Daumendrücken, Daumendrücken … und Deutschland stürmt! … Der Sekundenzeiger, er wandert so langsam … die Stimme wankte, ich starrte auf das grüne Auge, alle Engel und Moses hatten ausgespielt oder waren gefallen, die heiligen und schwarzen Schriften versunken, ohne Macht über mich, die Stimme schlug gegen den Stoff vor dem Lautsprecher, mein Herz schlug im Takt der Stimme … *jetzt spielen die Deutschen auf Zeit … die Ungarn sind völlig aus dem*

Häuschen, Deutschland ist wieder in Ballbesitz … Ich war in einen Sturm der Atemlosigkeit geworfen, musste ruhig bleiben, ganz ruhig, auch wenn der Sekundenzeiger langsam wanderte, er wanderte, wir werden, wir können, wir sind, ich oder Liebrich, wir sind, ich und Liebrich, wir, ich, Liebrich, *die ganze deutsche Mannschaft setzt sich ein mit letzter Kraft, letzter Konzentration …* ich sah nichts mehr, Spielfeld oder Spieler verschwommen im Taumel, im Regen, ich sah nur den unsichtbaren Sekundenzeiger … *Tschibor, jetzt ein Schuss – gehalten, von Toni gehalten! Und Puschkasch der Major, der großartige Fußballspieler aus Budapest, er hämmert die Fäuste auf den Boden, als wollte er sagen, ist denn das möglich, dieser Siebenmeterschuss! Es ist wahr, unser Toni hat ihn gemeistert! Und die fünfundvierzigste Minute ist vollendet, es kann nur noch ein Nachspiel von einer Minute sein …* ich hielt den Atem an, ich wusste nicht, was *Nachspiel* bedeutete … *es droht Gefahr! … Aus! Aus! Aus! Aus! Aus! Das Spiel ist aus! Deutschland ist Weltmeister, schlägt Ungarn mit drei zu zwei im Finale in Bern!*

Die Stimme kippte von *Aus!* zu *Aus!*, taumelte von Silbe zu Silbe mit letzter Kraft, brach zusammen, fiel nieder und war doch wieder da und verkündete die unglaubliche Nachricht, das Wunder, das ich nicht begriff und mir auch durch eine Wiederholung mit der eigenen Stimme, »Gewonnen, drei zu zwei gewonnen!«, nicht begreiflich machen konnte, denn es gab kein Echo, keine Fragen aus dem Esszimmer nebenan, wo sie mit Kaffee und Kuchen fertig waren und sich zerstreut hatten. Ich brauchte weiter die Verbindung zur Stimme in Bern, die, etwas weniger erregt, aber unsicher, fast stotternd das Unglaubliche wiederholte … *deutsche Mannschaft, Weltmeister 1954* … und nach passenden Worten suchte auch für mich, der in diesem Augenblick, in den Rausch einer neuen Sprachlosigkeit gestoßen, nur das Ergebnis und das Wort »Gewonnen!« stammeln konnte.

Der Reporter beschrieb die Szenerie auf dem Spielfeld, wie die Zuschauer, die Fotografen und die Mannschaften reagierten, die Ungarn *gefasst* als Verlierer und die Deutschen gefeiert … *unser Stolz, unsere Freude und unsern ganz innigen Dank den elf Spielern im weißen Jersey und den schwarzen Hosen, die jetzt zur Gegentribüne hinüberlaufen und die deutsche Schlachtenkolonie begrüßen …* Mich hielt es nicht mehr auf dem Stuhl, ich wollte meinen Stolz, meine Freude, meinen Dank in die Welt, ins Haus, ins Dorf hinausrufen und konnte mich doch vom Radio nicht trennen, wollte wissen, was weiter dort geschah, wo der Jubel herkam … *die Fahnen schwarz-rot-gold sind drüben im weiten Rund zu sehen, und auch wir sind ergriffen* … und auch ich war ergriffen, ein Schauer im Rücken ließ den Körper aufzittern, ich wischte die Tränen weg, wollte meine Freude zeigen und wusste nur nicht, wem, ich fühlte deutlich, dass es mir für fast zwei Stunden gelungen war, dem sonntäglichen Alarmzustand, dem Vaterkäfig, den unsichtbaren Gottesfallen entronnen zu sein, und wusste, dass diese Ausnahmezeit, in der ich meine Makel vergessen konnte, irgendwann zu Ende ging, ich wollte den paradiesischen Zustand möglichst erhalten, also schnell hinaus zu meinen Freunden und Fußballfreunden laufen, deren Herzen ebenso *ergriffen* sein mussten wie meins.

Wir wollen auch in diesem Augenblick nicht vergessen, dass es ein Spiel ist, ein Spiel, aber das populärste Spiel, das die Welt kennt … es war längst kein Spiel mehr, denn ich war, was ich schamhaft und heimlich gewünscht hatte, ich war zum Weltmeister geworden, und das wollte ich mir nicht nehmen lassen durch Beschwichtigungen … *die Spieler gebärden sich, als ob sie ein Schloss gewonnen hätten* … ich hatte mehr gewonnen, mir liefen Tränen, Siegerehrung, eine Greisenstimme sprach im Hintergrund gegen den Jubel, der Reporter redete darüber hinweg … *der stolze Triumph unserer deut-*

schen Weltmeister ... Höhepunkt ... nannte noch einmal die Namen der Spieler, des Bundestrainers, ich wurde ruhiger ... *ich kann mir vorstellen, wie Sie in der Heimat Anteil nehmen werden ... jetzt erfolgt die feierliche Übergabe des Pokals an Fritz Walter, den Kapitän der deutschen Weltmeistermannschaft ...* Fritz zeigte den Pokal, den ich nicht sah, die Hymne wurde gespielt, ich hörte *Deutschland, Deutschland, über alles* mehr geschrien als gesungen, ich verstand die Worte nicht genau, weil offenbar zwei Fassungen gleichzeitig gesungen wurden, die verbotene erste und die erlaubte dritte Strophe, vor wenigen Tagen erst, vor der Feierstunde zum 17. Juni war uns beigebracht worden, *Einigkeit und Recht und Freiheit* zu singen und nicht *Deuschland, Deutschland, über alles*, deutlich verstand ich *brüderlich zusammenhält* und die miteinander aufsteigenden Stimmen *über alles in der Welt*, ein dumpfer Jubel in der Wiederholung aus befreiten Kehlen, *Deutschland, Deutschland, über alles, über alles in der Welt*, ehe der Gesang in wildes, lautes Johlen ausuferte, das nach *Ej!* oder *Ja!* oder *Heil!* klang, und Beifall und Schreie waren noch nicht vorbei, als die andere Reporterstimme, die in der ersten Halbzeit die ersten Sätze gesprochen hatte, erregt und wie in Angst vor einer neuen Jubelwelle rasch die Abschiedsworte sagte ... *Hier sind alle Sender der Bundesrepublik Deutschland ... Reporter war Herbert Zimmermann. Die Sendung ist beendet. Wir schalten zurück nach Deutschland.*

Günter Grass

Mein Jahrhundert: 1954

Zwar war ich in Bern nicht dabei, aber übers Radio, das an jenem Tag in meiner Münchner Studentenbude von uns Jungökonomen belagert wurde, erlebte ich dennoch Schäfers Flanke in den ungarischen Strafraum. Ja, selbst heute, als bejahrter, doch immer noch umtriebiger Chef einer Consulting-Firma, die in Luxemburg ihren Sitz hat, ist mir, als sehe ich, wie sich Helmut Rahn, den alle den »Boss« nennen, im Lauf das Leder holt. Jetzt schießt er aus dem Lauf, nein, umspielt er zwei Gegner, die sich ihm entgegenwerfen, ist an weiteren Verteidigern vorbei und versenkt mit linkem Fuß aus gut vierzehn Metern Entfernung die Bombe im unteren linken Toreck. Unerreichbar für Grosics. Sechs oder fünf Minuten vor Schluss: 3:2. Und die Ungarn stürmen. Nach einer Vorlage von Kocsis ist Puskás zur Stelle. Aber ein Tor wird nicht gegeben. Kein Protest hilft. Angeblich stand der Honvédmajor im Abseits. Da kommt in letzter Minute Czibor hinter den Ball, zielt aus sieben, acht Metern ins kurze Eck, aber in fliegender Parade ist Toni Turek mit beiden Fäusten zur Stelle. Ein Einwurf der Ungarn noch. Dann pfeift Mister Ling das Spiel ab. Wir sind Weltmeister, haben es der Welt gezeigt, sind wieder da, sind nicht mehr Besiegte, singen unter Regenschirmen im Stadion zu Bern, wie wir ums Radio in meiner Münchner Bude geschart *Über alles in der Welt* gegrölt haben.

Doch hier ist meine Geschichte nicht zu Ende. Eigentlich fängt sie jetzt erst an. Denn meine Helden vom 4. Juli 1954 hießen nicht Czibor oder Rahn, nicht Hidegkuti oder Morlock, nein, jahrzehntelang habe ich mich, wenn auch vergeblich, als Ökonom und Anlageberater, schließlich von meinem Standort Luxemburg aus, um das wirtschaftliche Wohl meiner Idole Fritz Walter und Ferenc Puskás gekümmert. Aber sie wollten sich nicht helfen lassen. Ungenutzt blieb mein jeglichen Nationalismus überwindender Brückenschlag. Vielmehr waren beide gleich nach dem großen Spiel einander spinnefeind, weil der ungarische Major den deutschen Kickern teutonischen Größenwahn, sogar Doping unterstellt hatte. »Die spielten mit Schaum vorm Mund«, soll er gesagt haben. Erst Jahre später, als er schon bei Real Madrid unter Vertrag war, doch auf deutschen Plätzen immer noch Spielverbot hatte, bequemte er sich zu einer schriftlichen Entschuldigung, so dass einer geschäftlichen Verbindung zwischen Walter und Puskás eigentlich nichts mehr im Wege gestanden hätte; und meine Firma hat auch sogleich vermittelnd zu beraten versucht.

Vergebliche Liebesmüh! Zwar bekam Fritz Walter Orden umgehängt, wurde »der König vom Betzenberg« genannt, aber seine viel zu niedrig eingeschätzten Werbedienste für Adidas und eine Sektkellerei, die sogar Marken nach ihm benennen durfte – etwa »Fritz Walter Ehrentrunk« –, blieben unterbezahlt; erst nachdem seine Bestseller über den Bundessepp und den unverwüstlichen Weltmeistersieg der Walterelf ihm fette Einnahmen gebracht hatten, konnte er in Kaiserslautern, nahe der Burgruine, ein simples Kino mitsamt einer Toto- und Lottoannahme im Foyer einrichten. Eigentlich kümmerlich, denn viel Gewinn fiel dabei nicht ab. Dabei hätte er schon Anfang der fünfziger Jahre in Spanien sein Glück machen können. Atlético Madrid hatte einen Abwerber mit einer Viertelmillion Handgeld im Aktenkoffer gesandt. Aber der bescheidene, schon immer viel zu bescheidene Fritz lehnte ab, wollte in der Pfalz bleiben und dort, nur dort König sein.

Ganz anders Puskás. Nach dem blutigen Ungarnaufstand blieb er, weil in Südamerika mit der Nationalelf unterwegs, im Westen, verzichtete auf sein gutgehendes Restaurant in Budapest und nahm später spanische Staatsangehörigkeit an. Mit dem Franco-Regime bekam er keine Schwierigkeiten, weil er aus Ungarn, wo ihn die herrschende Partei – ähnlich wie die Tschechen ihren Zátopek – als »Helden des Sozialismus« gefeiert hatte, einschlägige Erfahrungen mitbrachte. Sieben Jahre lang spielte er für Real Madrid und scheffelte Millionen, die er in eine Salamifabrik steckte: »Salchichas Puskás« exportierte sogar ins Ausland. Und nebenbei führte der starke Esser, der immer mit Übergewicht zu kämpfen hatte, ein Feinschmeckerrestaurant, das »Pancho Puskás« hieß.

Gewiss, meine beiden Idole vermarkteten sich, doch verstanden sie es nicht, ihre Interessen zu bündeln, sich sozusagen als Doppelpack zu verkaufen. Selbst mir und meiner auf Fusionen spezialisierten Firma ist es nicht gelungen, den einstigen Arbeiterjungen aus einem Budapester Vorort und den einstigen Banklehrling aus der Pfalz zu Geschäftspartnern zu machen, zum Beispiel die Salamiwürste des Majors Puskás zugleich mit dem Spitzensekt »Fritz Walters Krönung« anzubieten und auf profitabler Ebene den Provinzhelden mit dem Weltbürger zu versöhnen. Misstrauisch jeglicher Fusion gegenüber, lehnten beide ab oder ließen ablehnen.

Der Honvédmajor meint wohl immer noch, damals in Bern kein Abseitstor geschossen, vielmehr zum 3:3 ausgeglichen zu haben. Womöglich glaubt er, der Schiedsrichter, Mister Ling, habe Rache genommen, weil es im Jahr zuvor den Ungarn gelungen war, im heiligen Wembley-Stadion Englands erste Heimniederlage zu besiegeln: 6:3 siegten die Magyaren. Und Fritz Walters Sekretärin, die den König vom Betzenberg unerbittlich abschirmt, hat sich sogar geweigert, eine von mir persönlich überreichte »Puskás-Salami« als Geschenk anzunehmen. Eine Niederlage, an der ich immer noch kaue. Wohl deshalb beschleicht mich gelegentlich der Gedanke: Was wäre aus dem deutschen Fußball geworden, wenn der Schiedsrichter, als Puskás traf, nicht »Abseits« gepfiffen hätte, wir bei der Verlängerung in Rückstand geraten wären oder das fällige Wiederholungsspiel verloren hätten und schon wieder als Besiegte, nicht als Weltmeister vom Platz gegangen wären …

Christof Siemes

Günter Grass und seine Liebe zum Fußball

»Dieses dauernde Einkaufen, damit wird man nicht Erster.« Quizfrage: Wer hat das gesagt? A) Otto Rehhagel, als ihm selbst sein Spruch »Geld schießt keine Tore« zu den Ohren rauskam. B) Jürgen Klopp, als er von den Wechselgedanken seines Abwehrchefs Mats Hummels hörte. C) Thomas Tuchei in den Vertragsverhandlungen mit dem HSV.

Antwort: Alles falsch.

Günter Grass war's! Der Dichter mit dem untrüglichen Gespür für den Zeitgeist hatte diese Einsicht lange vor der Hochfinanzphase des Profifußballs gewonnen. Bereits im Februar 2000 sah er klar, als sich Borussia Dortmund, gespickt mit Stars wie Evanilson, Jens Lehmann und Jürgen Kohler, zu einem 1:1 beim SC Freiburg mühte. Der Nobelpreisträger saß mit rotbraunem Schal mit weißer Schrift Fan-Schal auf der Tribüne des Dreisamstadions; einer seiner Söhne lebte damals im Schwarzwald und hatte den fußballbegeisterten Vater ins Stadion geschleppt.

Der in Sachen Selbstvermarktung durchaus konkurrenzfähige Dichter biederte sich aber nicht einfach an, sondern war durch unzählige vor der *Sportschau* verbrachte Samstagabende mittendrin im Thema und nicht nur dabei. In seinem Buch *Mein Jahrhundert*, ein Jahr vor der Partie in Freiburg veröffentlicht, gilt das Kapitel zum Jahr 1903 ausschließlich dem Fußball; es erzählt vom ersten Finale um die Deutsche Meisterschaft zwischen dem VFB Leipzig und dem DFC Prag auf der Exerzierwiese in Hamburg-Altona, Endstand 7:2. Natürlich war für Grass – wie fast alles in seinem Leben – auch der Fußball ein politisches Projekt, deshalb seine erklärte Liebe zu den Underdogs mit schmalem Budget, zu jenen Vereinen, die als links gelten wie die ehemalige multikulturelle Freiburger Studententruppe mit ihren Afrikanern und georgischen Wilis (Zkitischwili, Iaschwili). Lange vor dem Boom der hochprofessionellen Nachwuchskaderschmieden erkannte der Dichter an den Ufern der Dreisam, »wie man mit weniger Geld das viele Geld austricksen kann«.

Ein paar Jahre später brach er dann eine Lanze für den Trainer: 2007 unterstützte Grass die Initiative »Wir sind Finke«, die die Amtsenthebung des legendären Freiburger Coaches Volker Finke verhindern wollte. Dass er damit (wie mit manch anderem auch) scheiterte, dürfte Grass wenig gewurmt, sondern vielmehr in seiner Weitsicht bestätigt haben: Sein Lebensheld war bekanntlich kein Fußballgott, nicht mal ein linker, sondern Sisyphos, der alte Grieche, den die Götter dazu verdammten, zeitlebens und ohne Aussicht auf Gelingen einen Felsbrocken auf einen Berg zu rollen. Dass er sich seinen Humor von diesem Schicksal nicht verderben ließ, bewies Grass übrigens auch schon in der Nachspielzeit jener Freiburger Partie. Auf die Reporterfrage: »Wie fanden Sie den Dortmunder But?«, antwortete Grass: »Ja, sicher war er ganz gut, aber mein *Butt* ist besser.«

2004 lief er noch einmal auf fremdem Platz auf, diesmal beim FC St. Pauli. Um dem stets klammen Kiez-Club zu helfen, las Grass ohne Gage vor der Haupttribüne des Millerntorstadions aus seinem Werk. Zuschauer: 1000. Nicht schlecht für ein Spiel ohne Ball.

Grass' bleibender Beitrag zur Fußballkultur freilich ist ein Gedicht, das wir zur Erinnerung an diesen Dribbelkönig und Wadenbeißer der deutschen Literatur noch einmal zitieren wollen:

Nächtliches Stadion
Langsam ging der Fußball am Himmel auf.
Nun sah man, dass die Tribüne besetzt war.
Einsam stand der Dichter im Tor,
doch der Schiedsrichter pfiff: Abseits.

Christoph Biermann

Die Stimme der Aufklärung

Kaum ein Zeitungsartikel damals kam ohne diesen Hinweis aus, denn scheinbar lag ein besonderer Zauber darin, dass der Bundesligaaufsteiger des Jahres 1993 von einem Mann trainiert wurde, der eigentlich Oberstudienrat für Geschichte, Französisch und Sport war. Der sich vom niedersächsischen Schulministerium hatte freistellen lassen, um also wohl bei Gelegenheit wieder hinters Lehrerpult zurückzukehren. Nun war auch Ottmar Hitzfeld mal Lehrer, für Mathematik sogar. Doch als ehemaliger Bundesligaprofi war er ein Fußballer, der nebenbei Lehrer war. Bei Finke lag der Fall andersherum. Und wie in Gottes Namen kam dieser Lehrer, der nur Amateurfußballspieler gewesen war, der Volleyballteams und Tischtennismannschaften trainiert hatte, in die Bundesliga?

Außerdem war er, das konnte man seinem nonkonformistischen Auftreten gleich anmerken, als Pädagoge ein Vertreter seiner Zeit. Keiner dieser autoritären Muffköppe, die sowieso langsam an den Schulen ausgestorben und von der Avantgarde des Fortschritts ersetzt worden waren.

Der Lehrer war nämlich eine zentrale Figur der sozialdemokratischen Phase der Bundesrepublik Deutschland, die 1969 mit der Amtsübernahme von Willy Brandt begann. (Finke war damals 21 Jahre alt.) Im Laufe der kommenden Jahre sollten vor allem die Pädagogen das nun endlich zu reformierende Deutschland mitgestalten. Denn wo konnte man besser ansetzen als in den Köpfen der nachkommenden Generation? Nur sollte in die nichts mehr wie einst eingebleut werden, sondern die Lehrer sollten partnerschaftliches Verhalten vorleben. Der Schüler war kein Hohlkörper mehr, in den man Wissen hineintrichterte, sondern ein zu respektierendes Subjekt, in dem Kreativität und Phantasie zu wecken waren. Dessen soziale Seite und Persönlichkeit gefördert werden sollten, auf dass er einmal mit all den guten Werten ausgestattet in die Welt hinausziehen sollte, um sie besser und schöner zu machen.

Wenn man dem Oberstudienrat Finke lauschte, hörte man diese Ideenwelt unschwer durch. Und so einer traf nun auf die Welt des Fußballs, die in ihrem Kern gesellschaftliche Änderungen traditionell stets später nachvollzogen hatte und konservativer gewesen war. Die lange Geschichte des

Deutschen Fußball-Bundes belegt das auf traurige Weise im Großen. Im alltäglichen Leben von Clubs und Mannschaften in der Bundesliga dominierten damals Kommandogebell und schwarze Pädagogik. Es gab noch Strafrunden bis zum Kotzen, Demütigungen Einzelner vor der Mannschaft, und samstags auf dem Rasen war die Tierwelt der Terrier und Wadenbeißer nicht ausgestorben.

Die Reaktionen auf Finke waren reflexhaft. Der damals 41-Jährige mit dem Brilli im Ohr und den selbstgedrehten Zigaretten löste eine Fülle erwartbarer Projektionen aus. Die etablierten Kräfte der Branche sträubten sich gegen einen Coach, dem jeder Stallgeruch fehlte. Endlich einer von uns, jubelte hingegen das erweiterte Sportfeuilleton stellvertretend für einen Teil der Öffentlichkeit, der sich im Fußball nicht vertreten gefühlt hatte. Und scharte dieser Finke nicht eine Studententruppe um sich (brachte also die Schüler sozialdemokratischer Erziehung in die Bundesliga)? Spielten sie nicht elegant und hinreißend offensiv? Das musste sie doch sein: die neue Zeit – endlich auch in der Bundesliga.

Der Verein funktionierte als Fläche für diese Projektionen besonders gut, weil er, aus der Ferne betrachtet, ohne Vorgeschichte war. So waren die Etiketten schnell aufgepappt. Finke war ein »anderer« Trainer, der SC Freiburg ein »anderer« Club.

Und war Freiburg als nördlichster Ausläufer der Toskana (des sozialdemokratisch-grünen Traumlands) nicht sowieso immer schon eine irgendwie »andere« Stadt gewesen?

Zunächst bediente Finke diese Wahrnehmung, wenn er die Aufbereitung des Fußballs bei SAT.1 und die Usancen des Profigeschäfts kritisierte. Doch schon sehr bald, und schneller, als es seine Parteigänger merkten, lieferte Finke ihnen Material dazu bestenfalls noch unter der Hand. Er wollte nicht der große Reformer werden, sondern begann, sich seine Nische einzurichten.

Dort blieb er Lehrer, denn es gibt mehr strukturelle Ähnlichkeiten zwischen Schule und Fußball, als man vermuten würde. Sie liegen nicht nur darin, dass der Trainer einer Profimannschaft sich in Deutschland ganz ordentlich zum sogenannten Fußballlehrer ausbilden lassen muss. Auch für Trainer und ihre Spieler gibt es Lerninhalte, Lehrpläne und Prüfungen. Die Lerninhalte heißen Kopfballspiel oder Verschieben im Raum, die Lehrpläne ergeben sich aus der Abfolge von Trainingseinheiten im Laufe einer Woche oder einer Saison. Und geprüft wird jeden Samstag um halb vier. Selbst Versetzungen oder Sitzenbleiben findet man in der Bundesliga, in den UEFA-Cup oder als Relegation in die zweite Liga.

Wie in einer Schulklasse gibt es in jeder Fußballmannschaft die Streber und die Faulenzer, den Klassenclown und den Klassensprecher. Der Lehrer muss darauf achten, dass alle mitmachen und die Klasse niemanden ausgliedert oder kleine Grüppchen den Zusammenhalt stören. Ob in der Schule oder auf dem Trainingsplatz, der gute Pädagoge wird immer dafür sorgen, dass auch fürs Leben gelernt wird.

Es war in den vielen Jahren von Volker Finke beim SC Freiburg stets auffällig gewesen, dass seine Mannschaften besonders jung waren. Das erklärt sich zum Teil sicherlich aus der Struktur eines Clubs, der eben keine etablierten Profis kaufen kann und dessen Talente bald von großen Clubs weggelockt werden, wenn sie ihre Klasse nachgewiesen haben. Andererseits lag die Vermutung nahe, dass der Lehrer Finke lieber Talent entwickelt, als vorhandene Qualitäten nur zu verwalten. Und das mag erklären, warum er sich dem Werben großer Clubs stets verweigerte. Denn wie schön ist es, bei einem Team von Klassenbesten immer Einsen aufs Zeugnis zaubern zu müssen?

Schon längst Legende sind die Anekdoten, in denen seine Spieler ihre neuen Sportwagen lieber um die Ecke abstellten, damit ihr Fußballlehrer keine spöttischen Bemerkungen über Weißwandreifen oder Alufelgen machte. Gefürchtet sind die Ausbrüche des Trainers, die im bösesten Schimpfwort seines Vokabulars münden: asozial. So ist einer, der seine eigenen Interessen über die der Gemeinschaft stellt. Und man ahnt, dass hier zwar zunächst das Innenleben einer Fußballmannschaft gemeint ist, aber darüber hinaus noch viel mehr. Denn asozial ist auch der eigene Spieler, der einen Elfmeter schindet. Asozial springen die Clubs oft miteinander um oder mit ihren Spielern. Asozial ist es, mit Atomstrom Geld zu verdienen, wo man doch mit Sonnenkollektoren auf dem Tribünendach die eigenen Kabinen wärmen kann.

Wie schon gesagt, trug Volker Finke seinen Kampf gegen das, was er für asozial oder sonst wie verdammenswert hält, nicht gerne auf der großen Bühne aus. In Freiburg hatte er sich eher ein Gegenmodell geschaffen, auf dass jeder sehe, wie es anders gehen könnte.

Alldem zugrunde lag jedoch seine wohl verblüffendste Leistung, ohne die alles andere hinfällig gewesen wäre: Er hatte sich einen ganz eigenen Lerninhalt erarbeitet, die wesentliche Voraussetzung für jene Fußballsiege, auf deren Fundament der SC Freiburg aufgebaut werden konnte.

Unmodern ist der deutsche Fußball lange nicht nur gewesen, was Grundüberzeugungen der Funktionäre oder Ton und Umgangsformen von Trainern mit ihren Spielern betrifft. Unmodern ist auch das Spiel auf dem Rasen gewesen, seine Systematik und Taktik. Davon profitierte der SC Freiburg lange, weil Finke sein Team auf der Höhe einer Zeit spielen ließ, die in Deutschland noch gar nicht angebrochen war. Wo viele andere Mannschaften einen Libero hinter der Abwehr absichern ließen und eifrige Manndecker ihren Gegenspielern kreuz und quer hinterherjagten, organisierte sich die Freiburger Defensive im Raum. Sie »verschob« sich auf dem Platz, als es hierzulande noch keinen Begriff dafür gab. Und den weiten Bällen der Gegner stellte sie ihren Kurzpasswirbel entgegen.

Es war das Spiel von den Igeln, die den Hasen jagten und ihn zur Verzweiflung brachten, weil er lange nicht begriff, was da geschah. Es drückte sich darin das Geschick eines Underdogs aus, der eben keine Profis der Spitzenklasse versammeln konnte. Der Erfolg des SC Freiburg stellte die Branche in Frage. Dieter Hoeneß, damals Manager in Stuttgart, sprach davon, dass sie zwanzig Jahre lang alles falsch gemacht hätten, wenn Freiburg in der Bundesliga bliebe. Freiburg siegte am drittletzten Spieltag in Stuttgart mit 4:0 und rettete sich am letzten Spieltag der ersten Bundesligasaison in Duisburg wirklich vor dem Abstieg.

Dem sozialdemokratischen Bildungseifer fügte Finke mit der Spielweise seiner Mannschaft ein Moment hinzu, das noch einmal in ganz anderen Begrifflichkeiten zu fassen ist. Um Innovation ging es, um die Beweglichkeit kleiner Einheiten und die Überlegenheit flacher Hierarchien. Der SC Freiburg wurde damit im Fußball so etwas, wie es die Hightech-Klitschen für die Informationstechnik waren. Heute auf dem Hinterhof, morgen für Abermillionen von den Großen gekauft.

Von den Großen geschluckt wurden zwar viele Spieler, ob sie Jörg Heinrich, Jens Todt oder Sebastian Kehl hießen. Der Vorteil einer strukturell überlegenen Spielweise verlor sich im Laufe der Jahre, was Finke früh voraussah und deshalb den Bau der Fußballschule forcierte. Denn nie wird der SC Freiburg über einen Etat verfügen, der einen Platz in der Bundesliga garantiert. Aber warum, so hatte Finke beharrlich wiederholt, sollte der Club nicht genauso viele Talente hervorbringen wie die Spitzenclubs?

Zweifellos ist Volker Finke ein Visionär, aber dass er stets Lehrer geblieben ist, hat instinktiven Widerspruch hervorgerufen, weil wir doch alle gerne mal ausgelernt hätten. Es wäre daher unehrlich zu behaupten, dass dem Trainer Volker Finke in all seinen Freiburger Jahren die Herzen immer zugeflogen wären. Nicht nur angesichts der Abstiege aus der Bundesliga äußerte sich ein Grollen des Publikums. Wenn die Mannschaft im eigenen Stadion geduldig ihre Kombinationen aufzog, war der seltsamste Fangesang des deutschen Profifußballs zu hören: »Schießen, Freiburg, schießen.« Fast meinte man, Trotz herauszuhören, wenn die Zuschauer dagegen rebellierten, dass ihnen der Lehrer Finke angeblich donnernde Fernschüsse und einen klassischen Goalgetter vorenthielt.

Journalisten möchten einem Trainer ebenfalls gerne mal nachweisen, dass er etwas falsch gemacht hat. So wie in der Schule. Herr Lehrer, da haben Sie sich aber verrechnet! Und selbstverständlich sind im Laufe der Jahre nicht alle Rechnungen von Finke aufgegangen. Doch man kann sicher sein, dass er zumindest alle Möglichkeiten durchkalkuliert hat und es einem anschließend auch nachweisen kann.

Denn das ist besonders bemerkenswert an Volker Finke und so gar nicht selbstverständlich: Man lernt immer etwas dazu, wenn man sich mit ihm über Fußball unterhält. Trainer neigen normalerweise dazu, und das gilt sicherlich auch für Führungskräfte andernorts, sich im Laufe der Jahre zu wiederholen. Man weiß dann schon, was einer in bestimmten Situationen sagen wird, und meistens tut er es auch. Selbst Finke erfindet die Fußballbetrachtung nicht ständig neu, doch er erweitert seine Analyse beharrlich. Das bedeutet: Er ist ein Lehrer, der selbst noch lernt.

Große Trainer, und Volker Finke gehört zweifellos dazu, bilden nicht selten eigene Schulen. Die Bundesliga hat erst etliche Weisweiler-Schüler gesehen, heute sind es vor allem die von Otto Rehhagel. Bei Finke ist das nicht abzusehen. Oder doch? Beim SC Freiburg arbeiten an verschiedenen Stellen Andreas Bornemann, Martin Braun, Carsten Neitzel und Damir Buric. Jens Todt war Chefscout bei Hertha BSC Berlin, Uwe Spies Manager in Ulm und Aalen, Jörg Schmadtke hat als Manager die marode Alemannia aus Aachen erfolgreich sportlich saniert und in die Bundesliga geführt. Wenn man mit ihnen über Fußball spricht, beziehen sie sich oft auf den Mann, der einmal ihr Trainer war. Öffentlich aber würden sie das nicht tun, ihr Lehrer könnte es schließlich merken.

Jörg Drews

sieben unwillkürliche Erinnerungen an eine Jugend am Fuß des Betzenbergs

Fritz Walter – das bleibt immer ein besonderer Abschnitt in der Entwicklung des deutschen Fußballsports und in der Zeit seiner größten Triumphe.

(Werner Schneider)

I

Krummbeerschpiel. Alles war noch anders. Auf dem Betzenberg ging es nicht um große Geldsummen; an eine Bundesliga dachte noch keiner. Oft ging es sogar nur um Lebensmittel. Die waren bekanntlich 1947 knapp, und deshalb arrangierte Fritz Walter öfters »Kartoffelspiele«. Da wurde zum Beispiel zwischen ihm und dem SC Winnweiler ausgemacht, die Dörfler würden pro Tor einen Sack Kartoffeln für die Lautringer Fußballer stiften. Vor dem Spiel auf dem Winnweiler Rasen – wenn man das überhaupt einen »Rasen« nennen konnte – teilte dann der dörfliche Mannschaftskapitän Fritz Walter mit, man habe zwölf Säcke Kartoffeln beisammen. Es ging los, und die Tore kamen bei der haushohen

Überlegenheit der Roten Teufel vom Betzenberg zuverlässig zustande, obwohl die Winnweiler ihr Letztes gaben; zwischendrin ließen die Lautringer auch honoris causa einen Gegentreffer zu. Als es dann 12:1 stand, hörte man Fritz Walter laut über den Platz rufen: »Ihr Buwe, jetz' mache mer kä Door mä!«

2

Rückspiegel. Unsere Tribünenplätze hatten die Nummern 245 und 246, ich wurde dazwischengeklemmt. Links fiel meiner Mutter vor Aufregung die Handtasche runter, rechts warf mein Vater den Hut hoch. Eines Sonntags tauchte auf dem Sitz in der Reihe direkt hinter uns eine südländisch schöne Dame auf, die dort bald an jedem Spieltag zu sehen war. Seitdem nahm ich immer einen kleinen Taschenspiegel mit, und wenn auf dem Spielfeld gerade nicht viel los war, betrachtete ich – ganz unauffällig, wie ich meinte – diese Frau, die gerüchteweise mit Fritz Walter in Verbindung gebracht wurde. Dass sie mit Vornamen Italia hieß, schien mir geradezu märchenhaft zu ihrer exotischen Schönheit zu passen.

3

Sportsgeist. In einem Spiel gegen Borussia Neunkirchen gab der Schiedsrichter beim Spielstand von 2:2 ein umstrittenes Tor zugunsten der Neunkirchner. Auf dem Spielfeld wie auf den Rängen gingen die Wogen der Empörung über die unverdiente 3:2-Niederlage des 1. FCK sehr hoch; nur Fritz Walter machte zu seinen Kameraden hin gesenkten Kopfes beruhigende Gesten. Sein Kommentar, als ihn mein Vater einige Stunden später, noch immer erregt über dieses Tor, darauf ansprach: »Ach wissen Se, do kammer nix mache. Des iss es Spiel. Dess Mo waa's so, un es nechscht Mo is es widdä annersch!«

4

Lampenfieber. Einmal linste ich vor Spielbeginn in die Umkleidekabine der Mannschaft des 1. FCK. Da saß Fritz Walter und war so nervös, wie mir's erzählt worden war und wie ich es doch nicht hatte glauben können. Erst nahm er den rechten und dann den linken Fußballschuh und prüfte pedantisch, die Haare in der Stirn, den Schuh jeweils dicht vor Augen, ob die Klötzchen darunter auch genau richtig saßen. Und als er sich die Schuhbändel schnüren wollte, flatterten seine Hände so, dass er kaum einen Knoten machen konnte. – Das Publikum spürte übrigens seine Sensibilität, es erwartete fast, dass dem auch vom Gegner besonders Rechnung getragen wurde. Wenn Fritz Walter einmal aus Absicht oder auch bloß im Eifer des Gefechts gelegt wurde, so ging ein Aufschrei durch die Menge – weniger ein Schrei der Wut als vielmehr des Schmerzes und der Scham darüber, dass jemand Fritz Walter so zu nahe zu treten wagte.

5

Aus der Jugend eines Idols. Im Frühjahr 1947 brachte ich aus der Schweiz eine Kostbarkeit mit, die die schlappen »Gummiquetschen«, die wir zu dieser Zeit bestenfalls organisieren konnten, weit in den Schatten stellte: einen echten Lederfußball. Und wenn Fritz Walter auf der Straße vorbeikam, legten wir ihm den Ball vor die Füße und bettelten so lange, bis er auf dem Trottoir der Fischerstraße mit dem Ball jonglierte und ihn dann, obwohl wir uns drei Mann hoch drin aufstellten, sicher ins Tor platzierte. »Jetz' muss isch widdä geh'!«, sagte er dann, und setzte hinzu: »Ihr han's gut, ihr Buwe.

Mer han als ivverhaapt kä Ball gehat, so aarm ware mer. Von meine Mudder han isch als beinah Schlää ’kriet, weil mer mit Blechbichse g’schpielt und die Schuh kaputtgemach’ han’.«

6

An der linken Hand ein Ring mit einem Karneol. Am Abend saß Fritz Walter manchmal bei uns in dem Sessel vor dem Radio. Dann drehte er bisweilen am Sendersuchknopf, und die Augen meiner Mutter verfolgten hingerissen das Spiel seiner Hände, die – wie sie noch heute sagt – »eine ideale Mischung aus Feinheit und Kraft« waren. Als sie ihn einmal auf die Schönheit seiner Hände ansprach, sagte er verlegen lächelnd: »Mei Mudder, die hat aa immer g’saat, dass isch schäne Händ han. Die hat soga zu meine Brider, em Ottes und em Ludwisch g’saat, se sollten mer die Schuh putze, dass isch mer die Händ net han dreckisch mache misse.«

Fritz Walter wirkte in seinem technisch-artistischen Stil geradezu ästhetisch. Ich glaube, man darf einen Vergleich wagen: Er war ein zweiter Sindelar.

(Hans Körfer)

7

Das Kunstschöne. An manchem sommerlichen Spätnachmittag lag eine Aura milden Glanzes über dem Betzenberg, wenn sich auf dem grünen Rasen die rotweißen Lautringer und – zum Beispiel – die blauweißen Pirmasenser maßen, mittendrin streng und sicher Schiedsrichter Fritz aus Oggersheim. Bisweilen, wenn Fritz Walter mehrere Gegner hintereinander ausdribbelte, ging das so überraschend schnell, dass seinen Alleingang gar kein Gebrüll begleitete, sondern atemlose Stille herrschte. Solch staunendes Schweigen breitete sich auch einmal aus, als Fritz Walter einen ungenau zugespielten Steilpass, bei dem keiner sich in der Geschwindigkeit vorstellen konnte, wie er ihn annehmen würde, ohne jede angestrengte Verrenkung mit einem verblüffend schönen Absatzkick präzis weitergab. In die Lautlosigkeit der ganzen Zuschauertribüne platzte da der ebenso respektlos laute wie zutiefst verehrungsvolle und sachverständige Ausruf eines waschechten Kaiserslauterer Gassenbuben: »Geh fort, Fritz, war dess e sauwer Absätzsche!!«

Eckhard Henscheid

Fußball-Anekdoten

Geistesgegenwart müsste man haben – und ein freches Mundwerk! Als das bekannte Eintracht-Frankfurt-Freundespaar Libero Trinklein und Linksaußen Rohrbach wieder mal eine verbotene »Zechtour« durch verrufene »Animierlokale« machte, wurde es dabei von Trainer Ribbeck ertappt und kräftig gescholten. »Bei Ihnen, Trinklein«, schrie Ribbeck erregt, »versteh ich's ja noch, wenn Sie einen trinken – aber bei Ihnen, Rohrbach?« – »Aber es heißt doch«, lächelte Rohrbach, »er säuft wie ein Rohrspatz!« – »Was soll das heißen?«, schrie Ribbeck noch erregter. Erst als Rohrbach sein tückisches Wortspiel sage und schreibe fünfmal erklärt hatte, verstand Ribbeck die Anspielung, musste verstohlen lächeln, verzieh den beiden wieder mal, wenn auch schweren Herzens und noch schwereren Kopfs – und nominierte beide für das nächste Spiel in Bremen, das 1:1 endete, wobei vor allem Trinklein eine prächtige Partie bot.

Ein anderes berühmtes Freundespaar waren Paul Breitner und Uli Hoeneß. Einmal debattierten sie wieder über den Sozialismus, von dem Breitner damals viel hielt, während Hoeneß gewisse Reserven hegte. Breitner verwies auf die Kulturrevolution durch Mao, doch Hoeneß schüttelte energisch den Blondschopf. »Pass auf, Paul«, rief der Ex-Ulmer und stieg unter die Dusche, »wenn du als Sozialist bei Bayern dich noch auf dem Spielfeld plagen musst, sitze ich als Kapitalist schon längst im Vorstand und im Management, verdiene dort ein Schweinegeld, und meine einzige Leistung besteht darin, euch Spieler in Lederhosen einzukleiden, damit auch noch der Letzte merkt, was ihr für Riesendeppen seid!«

Breitner glaubte Hoeneß nicht. Später stellte sich aber heraus, dass der clevere Schwabe recht behalten sollte.

Nach einem siegreichen Auswärtsspiel der »Roten Teufel« von Kaiserslautern ließ der Trainer im D-Zug Hamburg-Betzenberg mal fünfe gerade sein und eine Flasche Schampus rundgehen. Jeder sollte zwei halbe Schlucke kriegen in zwei Runden, so berechnete der »Coach«. Liebrich II und Horst

Eckel hielten sich an die Regel, dann aber verzählte sich Werner Kohlmayer und trank die ganze Flasche leer. Oho! Ottmar Walter beschwerte sich bei Liebrich I, doch Fritz Walter tröstete den Bruder: »Der Chef«, – Fritz Walter spielte hier auf Herberger an –, »der Chef hätte es sowieso nicht so gern gesehen!«

Wie recht der »Fritz« behalten sollte, stellte sich bald heraus. Als Erster der fünf »Lauterer« »Weltmeister« von 1954 ging Werner »Saufaus« Kohlmayer in die »ewigen Jagdgründe« ein. Er hätte nicht so »blindwütig« in sich hinein»saufen« sollen.

Der berühmt-berüchtigte 1860er Tormann Petar Radenkovic war einmal (1962) mit einer Entscheidung von Schiedsrichter Aldinger (Waiblingen) nicht einverstanden und tippte sich deshalb in eindeutiger Absicht an die Stirn. »Ich verwarne Sie!«, schrie Aldinger erbost. »Ich nur versteh Bahnhof«, konterte Radenkovic spitzbübisch. »Vom Platz!«, brüllte Aldinger noch lauter. »Wiederseh, alde Tepp!«, parierte Radenkovic, spuckte in Richtung Aldinger und trollte sich gemächlich davon. »Ich erstatte Meldung beim DFB!«, platzte nun dem

Schiri der Kragen. »Aber bitte, groß Rindvieh!«, hielt der Tormann stand und verschwand in der Kabine.

Nanu? Nun, wie die Zeiten damals in den ersten Bundesligajahren waren: Es wurde alles halb so heiß gegessen wie getrunken – schon nach dem Spiel verstand man sich wieder, Aldinger und Radenkovic leerten noch so manchen Schoppen miteinander und griffen sich sogar wie spielerisch an den Sack.

Bei einem überaus wichtigen Spiel führte einst Bayern München gegen den HSV kurz vor Schluss 1:0. Da! Elfer für die von der Waterkant! Uwe Seeler legt sich den Ball zurecht! Ha! Das ist ein 99-prozentig sicherer Elferverwandler! Was aber macht Torwart Sepp Maier? Er geht einfach zu Uwe und sagt: »Der geht net eini, nia!«

Wollte er die Götter versuchen? Sich selber Mut einträufeln? Wollte er den Schützen verzaubern? Genug – Seelers Bombe krachte jählings an den Pfosten, es blieb beim 1:0, und »die Katze von Anzing« hatte ihren Ruf als Karl Valentin weg.

Einmal saßen der 1860er Linksaußen Hans Rebele und sein Mittelstürmer Rudi Brunnenmeier im Gasthaus H. (wo, wird nicht verraten) und zechten. Gegen 23 Uhr sagte Rebele zu Brunnenmeier: »Komm, Rudi, gehen wir heim, wir müssen morgen spielen.« – »Ach wo«, antwortete Brunnenmeier wegwerferisch, »wir müssen nicht spielen.« Und er bestellte für sich und Rebele ein frisches Bier. Eine halbe Stunde später ermahnte Rebele den Freund abermals: »Komm, trink aus, wir müssen morgen spielen.« – »Ich muss überhaupt nicht spielen«, versetzte Brunnenmeier ärgerlich und winkte erneut der Kellnerin. Dies wiederholte sich um 24 Uhr, um 0.30 Uhr und um 1.05 Uhr. Um 1.30 Uhr aber erschien plötzlich Trainer Max Merkel und schimpfte die beiden gewaltig aus: »Was? Ihr wollt Vertragsspieler sein? Morgen geht's gegen das abwehrstarke Meiderich! Marsch! Beide heim!«

Als Merkel dann wieder weg war, bestellte Rebele seufzend eine letzte Halbe und sagte: »Siehst du, Rudi, ich hab's ja gewusst, wir müssen morgen spielen!«

Michael Verhoeven

FC Menterschwaige

Kleinamerika wurde der großbürgerliche Vorort von München nach dem Krieg genannt. Damals hieß es: »Wer noch mal eine Waffe berührt, dem soll die Hand abfallen.«

Die meisten Deutschen hatten schon den Persilschein, aber viele Villen waren noch von Amerikanern besetzt.

Seit die Deutschen in ihre beschlagnahmten Häuser zurückgekehrt sind, heißt der noble Vorort wieder Harlaching.

Kleinamerika – das bedeutet Buick, Chevrolet, Oldsmobile, lautlos, langsam über leere Straßen rollend, hochbestaunte karierte Herrenanzüge in allen Farben, freundliche Lockenwicklerfrauen mit meterhohen braunen Papiertüten, voll mit Campbell- und Libby's-Dosen und den süßlichen Geruch überheizter Villen.

Deutsche Kinder waren in der Minderheit.

Es reichte immer gerade für eine Straßenschlacht mit den Ami-Buben, aber elf Jungens für eine Fußballmannschaft zusammenzukriegen gelang nur, wenn Hans Wagners Vetter aus Augsburg zu Besuch da war und meine Schwester Monica sich zum Mitmachen überreden ließ.

Ich war (natürlich) der Spielführer. Ohne mich ging nichts zusammen. Als ich mich einige Wochen neben der Fußballwiese auf die kleine Amerikanerin Kay konzentrierte, drohte dem FC Menterschwaige der Zusammenbruch.

Edu und Adi Lemke waren unsere Verteidigung. Adi war erst fünf und hatte das Pech, noch kurz vor dem Zusammenbruch auf den Namen »Adolf« getauft zu werden.

Ich war der Torwart.

Aber wenn es brannte, musste ich ins Feld, und Adi wurde ins Tor geschickt.

Jahre später, in der Schülermannschaft des FC Bayern hab ich auch als Torwart begonnen, aber mein Vorbild war Jakl Streitle, so lernte ich um auf Stopper.

Mein Nachfolger beim FC Bayern war dann Erich Kosar, der's mit den Bayern bis zur Bundesliga gebracht hat. Sein Vater war unser Hilfstrainer. Er bemaß das Taschengeld seines Sohnes nach der Anzahl gehaltener und durchgelassener Bälle. Jakl Streitle – der Beckenbauer meiner Kindheit! Seine Kopfbälle! Seine Pässe! Sein Hineingrätschen! Meine Zimmerwände waren mit Zigarettenplakaten tapeziert. Streitle warb für Supra-Filter.

Wie gern hätte ich gehabt, dass meine Eltern mal ein Bayernspiel anschauen, wenn ich Stopper war, später halbrechts. »Fußball!«, sagte Mutter nur und tippte sich an den Kopf.

Aber vorerst war ich ja noch nicht bei »Bayern«. Auch Edu nicht, den ich später nachholte.

Sonntags kam Onkel Carlo, um meine Eltern zu einem kleinen Spaziergang zu überreden. Vergeblich. Stattdessen warf er mir im Garten ein paar Bälle zu. So lernte ich »stoppen«.

Was ich vom Onkel Carlo gelernt hatte, gab ich noch am gleichen Tag mit unerbittlicher Strenge an meine Mannschaft weiter. Ich war auch der Trainer.

Beschwerden gab es nicht, da ich auch der Vereinspräsident war. Die Mitgliedsausweise stellte ich persönlich aus. Franzi Schäfer, der jeden fremden Hund bändigen konnte, war meist der Erste, der keine Lust mehr hatte.

Er nahm seinen Hund – immer ein anderer, meist mehrere – und ging.

Bertolt Brecht

Schalke – Hannover als Kunstereignis des Jahres 1929

In einer Umfrage der *Literarischen Welt* haben sich einige Herren zum bemerkenswertesten Kunsterlebnis des Jahres 1929 geäußert. Gerhard Hauptmann nannte die Aufführung eines (eigenen) Stücks, Franz Werfel sprach sich für die Gedichte seiner Freunde aus, Th. Mann bekannte sich zu einer Oper.

Ich bedaure alle drei, zünde meine Zigarre an und stimme für das interessanteste Spiel der Deutschen Meisterschaft, Schalke 04 gegen Arminia Hannover, das mit 6:2 endete.

Für den zylindertragenden Betrachter mag die Wahl eines Sportereignisses eine Überraschung sein. Doch besteht der Vorteil meiner Wahl gerade in ihrem Mangel an Originalität. Nicht nur wird mein Urteil von 20 000 Kunstkennern geteilt, sondern auch von der Mehrheit der deutschen Fußballpresse, die sowohl dem System des Schalker Kreiselspiels als auch den ausführenden Künstlern

Szepan, Kuzorra, Tibulski größte Hochachtung entgegenbrachte.

Für einmal fand an einem Kulturereignis kein Nepp statt. Der Gegenwert für das Eintrittsgeld wurde geboten. Die einzige Beeinträchtigung des Vergnügens bestand in der Abwesenheit des bürgerlichen Feuilletons, dessen Ablehnung sonst jeder gelungenen Veranstaltung ihre besondere Würde verleiht.

In der Tat ist die Nachricht noch nicht in die Redaktionen vorgedrungen, dass Fußball als Kunstform den traditionellen Formen Literatur, Theater, Malerei, Musik bei weitem überlegen ist. Fußball ist wie alle große Kunst einfach. Die Übersichtlichkeit der Regeln gestattet es, in Ruhe Details zu studieren, etwa Kuzorras Ballannahme, die Paraden Sobottkas oder Tibulskis Fallrückzieher. Jeder Zuschauer ist spätestens nach drei Spielen Kenner. Das Publikum ist also ausschließlich aus Kennern zusammengesetzt.

So ist auch Kritik das Markenzeichen des Publikums. Während der Smokingträger in Konzerten oder im Theatersaal auf dem Maul sitzt, treffen wir in den Sportstadien auf einen Menschen, der pfeift, raucht, singt, aber nicht jede Darbietung zu ertragen gewillt ist. (Dass das Fußballpublikum parteiisch ist, ändert nichts an dieser Tatsache: Unparteiische Beobachter verschweigen in der Regel nur, wer sie für ihr Urteil bezahlt hat.)

Nun zeugen Rufe wie »Elfmeter« oder »Schieß doch, du Affe!« von einer geistigen Beweglichkeit, die diejenige eines Smokingpublikums bei weitem übertrifft. Mitdenkende Kommentare wie: »Pinseln Sie Ihr Bild abstrakter!«, »Ophelia auswechseln!« würden auch diesem gut anstehen.

Das hohe Niveau der Fußballkunst basiert auf dem Respekt vor ehrlicher Arbeit. Ihr Ertrag ist messbar: Jedes Spiel ergibt ein Resultat. Dass nicht immer der Bessere gewinnt, spricht für den unbarmherzigen Realismus der Fußballkunst. Man kann Wetten annehmen. Dem Zufall wird eine Chance gegeben, und das, meine Herren, ist im Geschäftsleben nicht anders. (Morgen, wenn Ihr Glück aussetzt, können Sie vernichtet werden.)

Gerade diese Unberechenbarkeit beweist die Überlegenheit des Fußballs gegenüber den traditionellen Kunstformen, in denen der Ausgang der Kämpfe festgelegt ist: Im Theater erschlägt Hamlet Polonius jedes Mal, aber im Spiel Schalke – Hannover kann die Situation ruhig sein, Szepan bekommt den Ball im Mittelfeld, startet ein ungeheures Dribbling um vier Verteidiger und schießt ein.

Jederzeit ist die Katastrophe oder der Geniestreich möglich: Fußball lehrt eine Masse in der

Möglichkeitsform denken. Sie macht die Erfahrung, dass sich in Sekunden etwas verändern lässt. Fußball ist – zusammen mit der Erkenntnis, dass der Weg ins Spiel fast immer über den Kampf führt – Anschauungsunterricht für Revolutionäre. Auf gutem handwerklichen Niveau – jedenfalls für ein Land, das von einem Rilke, Uhland oder George heimgesucht wurde – ist auch die Lyrik. Die Songs sind singbar und betont sachlich (»blau und weiß ist ja der himmel nur / blau und weiß ist unsre fußballgarnitur«), die Beschimpfungen direkt und wirksam (»heute hauen wir nach altem brauch / dem FC schalke auf den bauch / lustig lustig tralala / heut ist die arminia mit dem hammer wieder da«).

Last, not least wird einem für sein Geld auch ein gesunder Gegenwert an Gefühlsausbrüchen geboten. Keine Theateraufführung verhilft auch nur einem Zuschauer zu ebensolcher Freude wie den 10 000 Anhängern ein Siegestor in der 89. Minute, keine Chopin- oder Hölderlin-Matinee versetzt in so ehrliche Trauer wie der Verlusttreffer. Wie bei allen interessanten Lebenslagen zahlt man auch im Fußball den Spaß mit dem Risiko eines großen Verlusts. Gutes Amüsement hat schon immer Nerven und Mut verlangt.

Aus obengenannten Gründen stimme ich dafür,

das Spiel Schalke – Hannover als Kunstereignis des Jahres 1929 zu wählen, den Stürmer Ernst Kuzorra als Künstler des Jahres auszuzeichnen und Fußball als fruchtbarste Kunstform des 20. Jahrhunderts zu sehen.

Constantin Seibt

Die Wahrheit über Bertolt Brecht und Schalke

Ich war vierzehn Jahre, verträumt und unklar, als ich einen Satz von Robert Louis Stevenson las. Er schrieb, dass jeder vernünftige Schriftsteller seine Jugend lang den Affen machen müsse. Das leuchtete mir ein. Ich folgte Stevensons Rat und kopierte mich die nächsten Jahre durch die elterliche Bibliothek: von Thomas Mann bis Kafka, von Schiller bis Shakespeare und von Jerry Cotton bis Raymond Chandler.

Mit Schriftsteller wurde es dann nichts. Ich wurde das Gegenteil: Journalist. Wenn man für Geld schreibt, bleibt wenig halb Verstandenes dort, wo es hingehört – im Vergessen. Stattdessen transportiert man es in die Köpfe der Leser. Und den Lohn dafür auf das Bankkonto. So verhielt es sich auch mit meinen Jahren als Stevensons Affe: 1997 und 1998 schrieb ich für das NZZ *Folio* unter dem Titel »Fundstücke« Fälschungen von klassischen Autoren, halb Verbeugung, halb Parodie. Sie erfüllten einen alten Wunsch von mir: bei der Weltliteratur irgendwie dabei zu sein. Und dazu hatte ich schon länger den Plan, für eine Zeitung einen guten Spiritisten anzuheuern und aktuelle Texte von toten Autoren schreiben zu lassen. Im *Folio* vom September 1997 verfasste ich die Antwort von Bertolt Brecht auf eine Umfrage zum »größten Kunstereignis 1929«. Brecht wählte das Fußballspiel Schalke – Hannover (6:2). Außerdem ernannte er nach einigen kunst- und fußballtheoretischen Exkursen den Schalker Mittelstürmer Ernst Kuzorra zum Künstler des Jahres und stellte fest, dass »Fußball als Kunstform den traditionellen Formen Literatur, Theater, Malerei, Musik bei weitem überlegen ist«.

Dann vergass ich die Sache, bis an einem Frühlingstag 2006 – neun Jahre nach der Parodie – das Telefon klingelte. Ein Brecht-Forscher war am Apparat.

»Dieser Text von Brecht über Fussball im NZZ-*Folio* – den hat er geschrieben, oder?«

»Nein, ich«, sagte ich.

Der Brecht-Forscher gab ein Stöhnen von sich und legte auf.

Was war passiert? Recherchen im Netz ergaben zwei Spuren. Die erste versiegte rasch: Das Pädagogen-Fachblatt *Der Deutschunterricht* hatte in seiner Februarausgabe 1998 zum Thema »Fußball, Medien, Kultur« den Brecht-Text in voller Länge nachgedruckt. Die *Basler Zeitung* rühmte in einer Besprechung die interessanten Textbeispiele, besonders Brechts Theorie von 1929.

Die heißere Spur begann 2002, als das Fanmagazin des Hamburger Quartierclubs FC St. Pauli, *Viertel nach fünf*, den NZZ-*Folio*-Text fand und ebenfalls abdruckte. Worauf das Internetmagazin *Der Kutter* den »ganz wunderbar in unsere Zeit sich fügenden Text« integral ins Netz stellte. Von dort verbreitete sich Brechts Aufsatz in mehreren Fußballforen, nicht zuletzt unter den Anhängern von Schalke 04. Und dann rollte die Fußballweltmeisterschaft 2006 an – und mit ihr die Intellektuellen.

So veröffentlichte der Suhrkamp-Lyriker Albert Ostermaier ein Zitatgedicht unter dem Titel »abseitsfalle oder: brecht passt zu benn«, in dem Brecht- und Benn-Zitate gegeneinandergeschnitten wurden – nur dass statt Brecht fast ausschließlich die Fälschung im NZZ *Folio* zitiert wurde. (Etwa: »fußball ist anschauungsunterricht für revolutionäre.«) Im Oktober 2005 wurde dann in Dortmund ein neobarockes Fußball-Oratorium mit dem Titel *Aus der Tiefe des Raums* aufgeführt. Das dreistündige Werk war laut seinen Autoren Moritz Eggert und Michael Klaus von einem Satz Brechts inspiriert worden. Und zwar jenem, dass »Fußball den traditionellen Kunstformen Literatur, Theater und Malerei weit überlegen« sei. Der Musikkritiker der *Basler Zeitung* kritisierte das Oratorium – wenn auch ein wenig rätselhaft – wiederum mit Berufung auf Brechts NZZ-*Folio*-Aufsatz: »Brecht zielte auf die Magie der athletischen Realität, nicht auf deren Verwurstung.«

Als Nächstes fand sich Brecht in einem Grundsatzartikel der deutschen Wochenzeitung *Die Zeit*. Diese kritisierte unter dem Titel *Die Kunst als Coach* Ende 2005 die Schwemme an Fußball-Kunstwerken: »Wer rettet den Fußball vor den Intellektuellen?«, fragte sie und zitierte Brecht als den ersten einer ganzen Reihe Fußballintellektueller: »Schon 1929 plädierte Bertolt Brecht dafür, Fußball als die fruchtbarste Kunstform des 20. Jahrhunderts zu sehen ...«

Zum guten Schluss erschien das gesamte Kernstück von Brechts Fußballtheorie auf Seite 41 im offiziellen »Kunst- und Kulturprogramm der Bundesregierung Deutschland zur Fifa-WM 2006« (Vorwort: Franz Beckenbauer und der damalige Innenminister Otto Schily). Zitiert wurde es unter dem Titel »Theater muss wie Fußball sein« vom Bundesfilmpreisträger Peter Lohmeier, dem es nicht zuletzt die Brecht-Passage über die besondere kritische Qualität des Fußballpublikums angetan hatte: »So ist auch Kritik Markenzeichen dieses Publikums. Während der Smokingträger in Konzerten oder im Theatersaal aufs Maul sitzt, treffen wir in den Sportstadien auf einen Menschen, der pfeift, raucht, singt, aber nicht jede Darbietung zu ertragen gewillt ist.«

Von dort aus landeten Bruchstücke der Fälschung in weiteren Essays, meistens zu Literatur und Fußball: Etwa in den Sammelbänden *Wissenschaft und Fußball* oder *Ins Abseits dichten*, in der Studie *Linguistics of Football* oder auf der Internet-Seite des Bundesinstituts für Sportwissenschaft in der Besprechung des Werks »Fußball ist Fußball« – unter dem Titel *Sport und Recherche im Fokus*.

Kein Wunder, fingen auch Fußballfunktionäre an, sich dafür zu interessieren. Im Herbst 2011 beklagte sich der Zürcher Fußballmanager Erich Vogel im *Sonntags-Blick*: »Das Opernhaus wird gratis zur Verfügung gestellt, das Schauspielhaus auch. Das finde ich absolut in Ordnung. Der Fußball hat in der aktuellen Regierung nicht den gleichen Stellenwert. Bert Brecht schrieb, dass der ›Fußball die fruchtbarste Kunstform des 20. Jahrhunderts‹ sei. Aber welcher Politiker liest schon Brecht!«

Kein Politiker? Vogel hatte schlecht recherchiert. So hatte der deutsche Bundestagspräsident Dr. Norbert Lammert bereits fünf Jahre früher die 56. Festspiele von Bad Hersfeld mit dem Zitat eröffnet, dass Fußball als Kunstform Literatur, Theater und Malerei bei weitem überlegen sei. Lammert führte an: »Der Satz ist selbstverständlich nicht von mir. Er ist auch nicht von Johannes B. Kerner oder einem der begeisterten Fußballkommentatoren, der Satz ist von dem vorhin bereits vom Bürgermeister zitierten großen deutschen Dramatiker Bert Brecht, dem wir manche bemerkenswerte Einsicht und manche brillante Fehleinschätzung verdanken.«

Wie konnte es eine ziemlich eindeutige Parodie so weit bringen? Die deutsche Regierung investierte 30 Millionen Euro in das »anspruchsvollste und kreativste WM-Kulturprogramm aller Zeiten«, so Otto Schily. Doch für so viel Kultur gab es kaum Zitate. Die wenigen deutschen Schriftsteller, die – wie Franz Kafka – begeisterte Fußballkenner waren, schrieben fast nichts zum Thema. Die wenigen, die schrieben, verstanden noch weniger von Fußball: So ließ Ödön von Horváth in seinem Fußballmärchen einen Ball bis zur Milchstraße treten, Peter Handke beschwor nicht die Angst des Schützen, sondern die des Torwarts beim Elfmeter, Nobelpreisträger Grass dichtete in seinem Vierzeiler *Nächtliches Stadion* eher Fußballfernes: »Einsam stand der Dichter im Tor, doch der Schiedsrichter pfiff: Abseits.« Und selbst fußballspielende nichtdeutsche Schriftsteller liefern wenig Nützliches. So rühmte sich etwa der als Torhüter aktive russische Dichter Vladimir Nabokov: »Ich war weniger Hüter eines Fußballtores als Hüter eines Geheimnisses. Während ich mit verschränkten Armen an den linken Torpfosten lehnte, genoss ich den Luxus, die Augen zu schließen.«

Kurz: Brechts Fußballaufsatz im NZZ *Folio* war das, was Klassiker sein sollten – brauchbar. Kultur benötigt zwei Rohstoffe: Geld und Zitate. Für die Fußballkultur 2006 gab es zwar eine Fülle an Euros, aber ein Nichts an Tradition. Die Inspiration eines Oratoriums also, ein Avantgardegedicht, etwas Beihilfe zu einer Kulturkritik in der *Zeit*, eine Seite im offiziellen Fifa-Programm, der Auftakt einer Bundestagspräsidentenrede plus eine kurzzeitige Irritation eines Brecht-Forschers – das ist kein schlechter Ertrag für eine kleine Fälschung.

Friedrich Torberg

Auf den Tod eines Fußballspielers

Er war ein Kind aus Favoriten
und hieß Matthias Sindelar.
Er stand auf grünem Platz inmitten,
weil er ein Mittelstürmer war.

Er spielte Fußball, und er wusste
vom Leben außerdem nicht viel.
Er lebte, weil er leben musste
vom Fußballspiel fürs Fußballspiel.

Er spielte Fußball wie kein Zweiter,
er stak voll Witz und Phantasie.
Er spielte lässig, leicht und heiter,
er spielte stets, er kämpfte nie.

Er warf den blonden Schopf zur Seite,
ließ seinen Herrgott gütig sein,
und stürmte durch die grüne Weite
und manchmal bis ins Tor hinein.

Es jubelte die Hohe Warte,
der Prater und das Stadion,
wenn er den Gegner lächelnd narrte
und zog ihm flinken Laufs davon.

Bis eines Tages ein andrer Gegner
ihm jählings in die Quere trat,
ein fremd und furchtbar überlegener,
vor dem's nicht Regel gab noch Rat.

Von einem einzigen harten Tritte
fand sich der Spieler Sindelar
verstoßen aus des Planes Mitte,
weil das die neue Ordnung war.

Ein Weilchen stand er noch daneben,
bevor er abging und nach Haus.
Im Fußballspiel, ganz wie im Leben,
war's mit der Wiener Schule aus.

Er war gewohnt zu kombinieren,
und kombinierte manchen Tag.
Sein Überblick ließ ihn erspüren,
dass seine Chance im Gashahn lag.

Das Tor, durch das er dann geschritten,
lag stumm und dunkel ganz und gar.
Er war ein Kind aus Favoriten
und hieß Matthias Sindelar.

Walter Jens

Vorbei, die Eimsbütteler Tage

Als ich zur Schule ging, war alles ganz einfach: Das Identifikationsobjekt hieß TV Eimsbüttel; die Heroen, zu denen ich aufsah, waren Gemüsehändler (Nationalspieler Hans Rohde, ein und aus gehend im elterlichen Geschäft), Eisverkäufer (Herbert Panse, Nationalspieler auch er, beim Füllen der Tüten: *Sonntag geht der HSV baden)*, Lehrer (wie Otto Lüdeke, der die Ehre hatte, in einer sogenannten Akademiker-Mannschaft spielen zu dürfen – einmal sogar gegen den eigenen Verein: *Das ist doch Otto*, sagte Schindowski zu Kleikamp, als der, irritiert durch den fremden Dress, seinen Freund und Nebenspieler in die Zange nahm), Angestellte (Rohwedder, ebenso schussgewaltig wie launisch, mit der Aktentasche unter dem Arm), Mechaniker, Maurer und Dreher. Die meisten waren Eimsbüttler Kinder; man kannte sie aus der Jugendmannschaft, hatte ihnen zugeschaut, Sonntagmorgen in der Hoheluftchaussee oder auf einem Grandplatz, mal Martinistraße, mal Weidenallee; ein Vereinswechsel war selten; wenn Derle Ahlers aus Harburg oder Erni Timm (der Eisenharte, früher bei Union) aus Altona kamen, waren das nur die Ausnahmen, die die Regel bestätigten. Wir schauten beim Training zu, fuhren mit der Mannschaft bis nach Wilhelmsburg: Ereignisse wie der legendäre 3:2-Erfolg über Schalke, errungen im Volksparkstadion, blieben Gesprächsstoff über Jahre hinweg: Es stand schon 2:0 für Schalke, dann schoss Rohwedder zwei Tore, eins aus vollem Lauf und eins bei einem Strafstoß (Lüdeke, das war damals noch neu, hatte sich in die feindliche Mauer gedrängt), Panse, ein Müller ohne Geld, war wie immer zur Stelle, als ein Schalker – ich glaube: Nattkämper – nicht konsequent genug deckte. Die Stars, mit einem Satz, waren Menschen, die man in der Straßenbahn ansprechen konnte; die Fünferreihe des Sturms bestand aus Eimsbütteler Werktätigen (Anrainer dazugerechnet): Derle Ahlers, Otto Rohwedder, Herbert Panse, Kalli Mohr und Hanno Maack … wenn ich den letzten Goethe-Vers vergessen habe, werde ich den Eimsbütteler Sturm noch aufzählen können.

Jeder ein Individualist: ein Grätscher (Ebbe Stührk, seiner Zeit weit voraus), ein Fangkünstler (Böhlke im Tor), ein Spaßvogel (Kalli Mohr); bisweilen wurden die Rollen gewechselt; von Mechanisierung und Zweckrationalität, Diktat der Arbeit und bürokratischer Organisation war beim ETV nicht die Rede. Gab es das alles nicht? Gehörten meine Eimsbütteler – anders als die Heutigen: Diese zu Disziplin und Fleiß verpflichteten, straffen Handlungsvorschriften unterworfenen Angestellten mächtiger Vereine (»Mrosko, Ihre Haltung gefällt mir nicht. Sitzen Sie gefälligst gerade!«) ... gehörten sie noch zu der legendären Garde kickender Old Boys? Ich glaube, ja: Mag die Erinnerung manches verklären – die Identität von Arbeit und Fußball (beide gleich abstrakt und leistungsbestimmt), die das Geschäft »Fußball« heute charakterisiert, ist ein Phänomen der Gegenwart. Meine Manjas und Kowalkowski, Risse (junior, der Senior trainierte die Mannschaft) und Weber (der Eckenspezialist) handelten nicht arbeitskonform (keine Rede von Reglementierung und profitbezogener Effizienz), sondern spontan. (Die berühmte Auseinandersetzung zwischen Rohwedder und dem St.-Pauli-Torwächter Quest: ein Tritt in den Hintern, anschließend wurde gefeiert.) Sie waren unabhängig (ein Turnverein: keine Herrschaft der Besitzenden über die Abhängigen) und der Unvernunft der Muskeln mehr anheimgegeben als der Unvernunft des Kapitals: ein Hamburger Meister *(Eimsbüttel jedoch siegt weiter, war der letzte Sieg auch hart, dann nur, weil der alte Streiter, Panse, trat auf seinen Bart,* so die Lokalpresse damals), der, sobald es um die »Deutsche« ging, kläglich versagte, weil die Maurer und Eisverkäufer zu wenig erfolgsprogrammiert waren.

Eine Idylle? Ein kulturkritischer Rückblick ... geprägt von der Sehnsucht nach einer Epoche, in der es, statt reibungsloser Abläufe, noch Spontaneität gab und Insubordination gegenüber dem Verein und dem Trainer? Nun, es gab ja immerhin auch schon den HSV ... und da nun kündigte sich, zumindest aus der Eimsbütteler Kleine-Leute-Perspektive, etwas an, das der Schüler Jens zwar noch nicht unter dem Begriff »Wer Gewinn will, hat zu gewinnen« subsumieren konnte, das er aber – ein bisschen allgemein, gewiss auf den Nenner brachte: »Der HSV kauft alles auf.« Wer Geld hat, hat auch die entsprechenden Kicker, und wer am reichsten ist, kann sich bessere halten als ein anderer, der weniger reich ist: Das wollten wir Eimsbütteler sagen, wenn wir von der Rothenbaumchaussee sprachen – zornig über Rohwedders Treulosigkeit, der den Verein gewechselt hatte (*Vor Wandervögeln wird gewarnt* stand in der Zeitung: So idealistisch gab sich damals Ideologie), nachdenklich beim Anhören eines *on dits*, das besagte, der Ewerführer Old Erwin (Seeler, der Vater) sei nach dem Übertritt zum HSV gesellschaftlich avanciert … der gleiche Seeler, dem niemand den Wechsel vom Arbeitersportverein Lorbeer zum SC Victoria nachgetragen hatte. Aber jetzt zum HSV: Das, glaubten wir, sei Klassenverrat – Old Erwin spielt fürs Kapital!

Tempi passati. Zeiten, deren Sportbetrieb, an der Produktionsweise und deren Reglement gemessen, durchaus altertümlich war … auch der Spitzensport! Wie antiquiert nimmt sich selbst die Fußball-Programmatik der fünfziger Jahre aus: *Kameradschaft.* (Heute sagt der Vorstand: »Uns ist es wurscht, wenn ihr euch nicht riechen könnt, Leute. Schließlich seid ihr ja Konkurrenten. Am Samstag aber … keinen Ärger, verstanden?«) *Individualität!* Anno 74 wäre eine Figur wie Boss Rahn in der Bundesliga untragbar; selbst Seeler, der Jüngere, erscheint, gegenüber den Angestellten des FC Bayern, als gestandenes Mannsbild, *Ideologie* à la Sepp Herberger! Im Zeichen von Neudecker und Schwan geradezu rührend: der »Chef« als liberale Figur, Erik Ode auf der Trainerbank, eher väterlicher Freund als Manager eines Wirtschaftsbetriebes kapitalistischer Prägung: Der Chef und sein Fritz, unser Bundessepp mit seinen Buben – liebt Katholiken, kann nach dem Sieg seinen Namen nicht schreiben, sagt Kameradschaft … und meint es auch wirklich!

Wie viele Relikte aus vorkapitalistischer Zeit hat gerade der Fußballsport bis in die fünfziger, ja, sechziger Jahre bewahrt, welche Widersprüche zur herrschenden Ökonomie entwickelt (nicht nur Anachronismen, nicht nur Verschleierungen – auch Widersprüche *gegen* das regierende System, ein Hauch von Antizipation, ein Hinweis auf nicht eingelöste Versprechen: *Boss Rahn macht wieder einmal, was er will. Leider darf er es nur auf dem Spielplatz. Boss müsste man sein – aber nicht allein im Spiel! ...* wie viel Ungleichzeitigkeit im Verhältnis zwischen Wirtschaft und Sport! (Sogar ein Max Merkel – »ich bin ein Diktator« – wirkt, aus der Perspektive Latteks, heute schon wie ein Regent aus der Zeit des Manchester-Kapitalismus, mit seiner barocken Gebärde, der zornigen Rede und dem koketten Zynismus – Urgestein geradezu, verglichen mit jenen beflissenen Männchen, die das Sprachreglement des Vorstandes mit einer Inbrunst befolgen, als sei es kanonisch: »Kein Wort von Politik, bitte! Wer sagt, was wir denken – *Brandt ist der Untergang Deutschlands* –, schadet der Kasse.«)

Der Zweck heiligt die Mittel, heißt die Devise, wir wollen verkaufen – und zwar für dumm: Eintrittspreise um die Hälfte erhöht; gekauft und verkauft; Gersdorff rein und Gersdorff raus! Müller gefallen, Beckenbauer behauptet, Netzer schwächer notiert. Man leiht mit Zins, und zwar nicht nur Geld, sondern, dem Kurswert entsprechend, auch Spieler, man lässt Körperteile versichern (die teuerste Wade der Welt, dieser Spann hat drei Villen gekostet), man kalkuliert mit Klima, Atmosphäre und Stimmung, als ob sie berechenbar seien wie Wertpapiere und Häuser: Wie bezeichnend, dass selbst die »Notlüge« des Bayern-Präsidenten dem Diktat des Quantifizierens folgte (München 530, Dresden 106 Meter über dem Meer): lieber die pure Absurdität als ein Verzicht auf Zahlenvergleiche; besser ein skurriles Äquivalent als überhaupt keins! Und unter solchen Zeichen hebt sich dann die Ungleichzeitigkeit auf, wird deckungsgleich, was lange getrennt war, sind die Tage der Eisverkäufer für immer vorbei, heißen die Spieler Maier und der Trainer Herr Maier (Abstand muss sein im Betrieb), hat der Trainer die Schnauze zu halten, wenn sein Duisburger SV, wiewohl in Abstiegsgefahr, in Afrika antreten muss, weil es der Vorstand so will, werden die Zuschauer weiterhin lachen, wenn Bayern verliert, lachen die kleinen Knechte über die Privilegierten: Als ob sie ahnten, dass auch die Balltreter unten in der Arena ihr sogenanntes Spiel zu 90 Prozent mechanisch verrichten … mechanisch bis zum Ritual des Jubelschreis nach dem

Tor. (Abgemessen wie ein Hofzeremoniell: beim Ausgleichstor ein Faustschlag durch die Luft, auch wenn's ein Abstauber war, beim Bilderbuchtor, das in der 89. Minute aus einem 0:3 ein 1:3 macht, allenfalls ein müder Händedruck.) Vorbei, die Eimsbütteler Tage, die Zeit der Breslauer Wunderelf, die Ära der lieben Frühkapitalisten (der rührende Fritz Walter, Frau Italia, die Wäscherei), die Phase der Einzelhändler, Patriarchen und Käuze! Der Spätkapitalismus ist, da er nur Sachen kennt, sachlich. Längst sprechen auch die Reporter am Bildschirm wie Bilanzbuchhalter, die schönen Tage der Maibohm und Michel kommen nicht wieder: *Zehn gibt zu Elf, X wechselt aus, Z auf der Trainerbank.* Wenn noch umschrieben wird, dann kommt Unsinn heraus (A *geht* soll heißen A *läuft)*, und was den Kommentar angeht, so beschränkt man sich im Allgemeinen auf eine standardisierte Aufzählung von berechenbaren Faktoren: *Eben erst für 100 000 Pfund verkauft; und das an seinem siebenundzwanzigsten Geburtstag; jetzt kommt die dreiundfünfzigste Minute.*

Freilich, es gibt Ausnahmen, die die Regel bestätigen. Und darum (nur darum?) schauen wir ja immer noch so lustvoll zu, jeden Samstag, freuen uns, wenn Bayern verliert, das große schwarze Monopol, auf das wir unsere Aggressionen abladen können, freuen uns, wenn Schnellinger in der dreiundneunzigsten Minute den Ausgleich erzielt, freuen uns, wenn Wendelsheim in die A-Klasse aufsteigt, freuen uns, wenn wir an Seppl Fath denken und Ricardo Zamora (und auch an den »Papierenen«, den großen Sindelar, anno 30 das Vorbild des Kleinstkickers Jens), freuen uns, wenn man den Dirigenten Overath mit dem Dirigenten Karajan vergleicht (und finden es – ehrlich! – richtig, dass Wolfgang nicht schlechter als Herbert verdient), freuen uns, wenn irgendwo ein David einen Goliath besiegt, der Kleine aus Polen den Großen aus England, freuen uns, wenn der eine oder andere unter den Zweiundzwanzig alle Verhaltensvorschriften, alles Trainingsreglement, allen Leistungszwang und alle Wertnormen der Arbeitswelt plötzlich vergisst und – ohne an seinen Marktwert zu denken – Fußball spielt, weil es ihm Spaß macht: witzig, frei und improvisierend. Und freuen uns sogar auf die Weltmeisterschaft, obwohl wir doch ganz genau wissen …

Urs Widmer

Vom Schweizer Fußball

Zuerst etwas von der Schlacht bei Morgarten. In einer unendlich langen, glitzernden Einerkolonne kamen die Männer des Herzogs Leopold von Österreich dahergeritten. Sie waren ausgerüstet wie niemand sonst zu dieser Zeit, und die Vögel verstummten in den Bäumen, an denen die klirrenden Ritter vorbeizogen. Die Hasen erstarrten auf den gefrorenen Äckern, als sie den gleißenden Heereszug sahen, den Bauernkindern blieb das Herz stehen, wenn die schimmernden Phantome aus den Nebeln auftauchten. Wir wissen, dass die Ritter miteinander plauderten. Sie machten Soldatenwitze, sie spuckten durch die Schlitze ihrer Helme. Sie waren glücklich. Ihr Lachen dröhnte die Bergwände hoch, bis hinauf zu den einsamen Alphütten, wo den Frauen eine Gänsehaut den Rücken hinablief und die Hirten innehielten beim Schafescheren, ihre Frauen ansahen, dann wortlos aufstanden und mit der Mistgabel in der Hand die nur ihnen bekannten Pfade hinunterrannten.

Die Schweizer Mannschaft dagegen hatte keine Rüstungen. Sie stand in ihren Hirtenhemden im feuchten Tau. Sepp Melchthal erklärte zum letzten Mal die Taktik. Die Bauern machten auch ein paar Witze, aber sie hatten Angst. Ihre Waffen waren Spieße, Hellebarden, Knüppel und Morgensterne. Die jüngeren Bauern sahen ein letztes Mal zum Heustadel zurück, vor dem ihre Bräute winkten, mit Gesichtern ohne Tränen. Sie gingen los. Eine kalte Luft blies. Als sie unten, am See, die Fremden sahen, packte sie eine plötzliche Wut. Sie sahen, wie die Grafen und Knappen sich die unbekannte neue Landschaft zeigten und wie die Scharniere ihrer Rüstungen sich bewegten beim Deuten auf eine Naturschönheit. Schnaubend rollten die Schweizer Felsbrocken den Abhang hinunter, und brüllend rannten sie hintendrein. Die Österreicher starrten verdutzt den Abhang hoch. Sie sahen unsere Hirten, und ein grässlicher Schrecken fuhr in ihr Herz. Sie ahnten, das war das Ende. Sie schoben die Visiere über die zitternden Lippen. Da fuhren ihnen schon die ersten Hellebardenrundschwünge an die Kessel, dass es nur so dröhnte. Wie wir wissen, wurden die meisten Ritter in den See gestoßen. Weil sie ihre schwerste Reisekleidung angezogen hatten, standen sie bald alle wie Taucher an der Seeunterfläche.

Minutenlang starrten die Schweizer schweigend auf die Luftblasen, die aus den grünen Wassertiefen hochstiegen, überall zuerst, dann noch hie und da, dann gar nicht mehr. Oben, am Abhang, standen unter Apfelbäumen die Frauen bereit, mit Latten und Sensen. Aber in dieser Schlacht mussten sie noch nicht eingreifen, erst in der nächsten, bei Näfels.

Und nun zum Fußball. Wir wissen, dass die Schweizer Mannschaft vor einem ernsten Spiel in den Garderoberäumen sitzt, im Wankdorf-Stadion, in Bern. Die Spieler lockern sich die Muskeln, sie hüpfen, machen kleine Witze, aber sie haben ziemlich Angst. Ein Handorgelspieler spielt den Kuhreigen, er singt mit einer Stimme, in der Tränen sind. Kudi Müller studiert auf einem Passfoto die Gesichtszüge seines Gegenspielers. Sein Herz donnert. Mit einer leisen Stimme gibt der Trainer die letzten Anweisungen. Kudi spielt auf die Nummer 9. Er schaut seine Kameraden an. Sie haben ernste Bubengesichter, ein paar tragen eine kleine Armbrust als Amulett um den Hals. Kudi seufzt. Wir wissen, dann laufen die Schweizer durch einen langen Korridor, an dessen Ende sie das grüne leuchtende Spielfeld sehen. Neben ihnen traben die österreichischen Gegner. Kudi hört das Klirren ihrer Trainingsanzüge. Sie stellen sich in einer Reihe auf. Die Nationalhymnen werden gespielt. Kudi singt mit, die Augen auf die Zuschauermassen gerichtet. Er zittert. Er sieht, dass seine Freundin ihm ein Handzeichen macht. Er schlägt die Augen nieder. »Ja«, murmelt er, »ja.« Eine Riesenwut packt ihn, als er die feschen Witze der Feinde hört. Er drückt Karl Odermatt, seinem Nachbarn, die Hand. Dieser nickt und hebt die Finger zum Schwur. Ein leiser Nebel zieht über das Stadion, die Schuhe der Schweizer rauschen im Tau, jetzt, wo sie sich einlaufen. Die Münder der Spieler dampfen. Kudi knurrt vor Empörung, als er sieht, dass die Österreicher die moderneren Schuhe haben. Der Schiedsrichter pfeift die Partie an. Die Österreicher greifen über den linken Flügel an. Dieser spurtet, flankt zur Mitte, auf die Nummer 8. Kudi steht der Nummer 9 fast auf den Füßen. Jetzt wird sie angespielt. Die Nummer 9 und Kudi rennen. Sie keuchen. »Früher hatten wir Hellebarden, jetzt haben wir den Riegel«, ruft Kudi der Nummer 9 zu, während diese über die Sechzehnerlinie spurtet. Kudis Atem pfeift. Er sieht Sterne vom schnellen Rennen. Mit einem wilden Sprung grätscht er der Nummer 9 in die Beine. Sie stürzt. Der Schiedsrichter pfeift. Er rennt auf Kudi zu und zeigt ihm die Gelbe Karte. »Der Schweizer Riegel mag für oberflächliche Betrachter wie eine Taktik unter anderen Taktiken aussehen«, erklärt Kudi der Nummer 9, während er ihr auf die Beine hilft, »aber das stimmt nicht. Wissen Sie, der Riegel, das ist der Geist von Morgarten gewesen.« Kudi schaut mit traurigen Augen zu, wie sich die Nummer 9 den Ball zum Freistoß zurechtlegt, dann stellt er sich in die Mauer, zu seinen Kameraden. Das Publikum ist grabesstill, während die Nummer 9 anläuft. »Jetzt spielen wir Schweizer auch so einen modernen Fußball wie alle andern«, sagt Kudi zu Köbi Kuhn, »das passt nicht zu uns, Liberos und Außenverteidiger, die wie rechte Flügel spielen.« Kudi kann gerade noch seinen Kopf vor dem heransausenden Ball in Sicherheit bringen, er zischt über ihn hinweg. Das Publikum schreit auf. Kudi sieht, dass der Ball im Tor liegt. Das Resultat lautet 1:0. Kudi und die Nummer 9 traben zusammen zur Mittellinie zurück. Schwarze Wolken ballen sich über dem Stadion. Windstöße fegen über den Rasen. »Man kann daraus lernen«, sagt Kudi, »dass die Schweizer zwar konservativ, aber nicht konservativ genug sind. Bis 1929 durfte man im Kanton Graubünden nicht Auto fahren.« Die Nummer 9 lächelt. Der Schiedsrichter pfeift das Spiel wieder an. Die Schweizer versuchen einen Angriff. Kudi wühlt sich in der gegnerischen Verteidigung fest. Er versucht mit Köbi Kuhn einen Doppelpass, aber der österreichische Verteidiger kennt den Trick und nimmt Kudi den zurückkommenden Ball weg. Schon rennen die Österreicher auf das Schweizer Tor zu. Die Leute schreien. Wir wissen, dass Kudi sich fühlt, als hätte er einen Fassring um die Brust. Er sieht, wie sich die Bräute am Spielfeldrand die Kickschuhe zubinden. Wie ein Kamikaze stürzt er sich auf die Nummer 9, die den Ball mit dem Kopf übernehmen will. Er schnellt in die Höhe. Durch die Luft fliegend, sagt er zur Nummer 9: »Ich glaube im Übrigen nicht, dass es den Riegel als wirklich praktizierte Taktik wirklich gab. Ich kann mich genau erinnern.« Die Nummer 9 köpft den Ball in den leeren Raum und rennt weiter. Kudi rennt neben ihm her. »Die Verteidiger standen nämlich vor ihrem Tor herum und plauderten mit dem Torwart, bis die nächste Angriffswelle kam«, schreit er der Nummer 9 in die Ohren, »glauben Sie mir! Die Stürmer standen vor dem anderen Tor herum, wenn der Gegner den Ball hatte.« Endlich spielt die Nummer 9 den Ball ab und bleibt stehen. Sie sieht Kudi an. Kudi fasst sie freundschaftlich um die Schultern. Beide sehen zu, wie weit außen bei der Cornerflagge Odermatt und die Nummer 7 um den Ball kämpfen. »Eigentlich nur die von der Läuferlinie rannten herum, um den Ball von den Verteidigern zu den Stürmern zu bringen«, sagt

Kudi. Die Nummer 9 nickt nachdenklich. »Wirklich?«, fragt sie. »Ja«, antwortet Kudi, »das war so: Unser vorderster Mann war Seppe Hügi. Seppe Hügi war gewiss der faulste von allen vordersten Männern, aber, so wahr mir Gott helfe, wenn er einen Ball auf seinen Goldfuß bekam, dann ging der ins Tor, ob nun ein Torhüter dazwischenstand oder nicht.« Die Nummer 9 sieht Kudi mit großen Augen an. »Na servus!«, sagt sie. Beide sehen undeutlich, dass der Ball vor ihnen vorbeirollt. Die Leute schreien und pfeifen. »Ich sehe Seppe noch vor mir«, sagt Kudi zur Nummer 9, »wie er, beim 4:1 gegen Italien, das erste Tor schoss. Er stand, wie immer, auf dem Elfmeterpunkt und machte einen Mund wie ein ertrinkender Karpfen.« Kudi lacht und klopft der Nummer 9 auf die Schultern. Der Ball fliegt auf beide zu. »Entschuldigen Sie«, murmelt die Nummer 9, stoppt den Ball und rennt auf das Schweizer Tor los. Kudi rennt hinter ihm drein. Die Nummer 9 ist sehr schnell. Die Zuschauer schreien. Kudi reißt die Nummer 9 hinten am Trikot, bis er sieht, dass sein Torhüter sich auf den Ball werfen kann. Stolz schaut Kudi seine Kameraden an.

Der Schiedsrichter, ein Italiener, rennt gestikulierend auf Kudi zu, er deutet auf den Elfmeterpunkt und sagt etwas zu ihm, was er nicht versteht.

»Ja«, sagt Kudi und fasst ihn am Kragen, »schauen Sie, vielleicht erklären sich unsere nachlassenden Erfolge auch dadurch, dass unsere Gegner keine eisernen Rüstungen mehr tragen.« Der Schiedsrichter bekommt einen roten Kopf, Kudi lässt ihn los und setzt sich keuchend ins frostige Gras. Er schaut zu, wie die Nummer 9 zum Elfmeter anläuft. Der Torhüter wirft sich in die falsche Ecke. 2:0.

Das Spiel geht weiter. Wir wissen, dass dem Trainer trotz des Novembersturms der Schweiß den Rücken hinabläuft und auf seinem Hintern zu Eisblumen erstarrt. Kudi bekommt den Ball zugespielt und rennt nach vorn, mit pfeifenden Lungen. Als er sieht, dass seine Nummer 9 mit drohenden Schritten auf ihn zurennt, spielt er den Ball nach hinten, zum aufgerückten Odermatt. Er lächelt. Er rochiert an den rechten Flügel, aber die Nummer 9 löst sich nicht von seiner Seite. »Wissen Sie, die Zeit von 1954, als wir fast Weltmeister wurden, das war etwas«, sagt Kudi zu ihr. Die Nummer 9 spielt den Ball ins Aus. »Was hatten wir für eine Mannschaft damals«, ruft Kudi und hebt den Ball über den Kopf. Er wirft ihn Otto Demarmels in die Füße, dieser spielt ihn zu Kudi zurück, und Kudi schlägt eine weite Flanke vors österreichische Tor. Die Nummer 9 schaut dem Ball verblüfft nach. »Jackie Fatton war am linken Flügel«, sagt Kudi dann, »ihn sah ich zum ersten Mal beim 7:5 gegen Holland. Ich war damals sehr klein. Damals spielte Fredy Bickel noch! Ich erinnere mich an Jackies letztes Tor, das siebente. Der Ball kam in einem hohen Bogen über das ganze Feld.« Plötzlich sieht Kudi, dass der Ball von Chapuisat mit einer weiten Flanke in den freien Raum gespielt wird. Er rennt. »Jackie Fatton rannte ganz allein mit seinen kurzen Beinen, wie ein Teufel«, keucht Kudi der Nummer 9, die neben ihm hersprintet, ins Ohr, »er erwischte den Ball fast auf der Höhe der verlängerten Torlinie, weit außen bei der Cornerflagge, und er schoss ihn mit einem Volleyrückzieher über den glotzenden Torhüter hinweg ins Tor.« Kudi, mit zischenden Blitzen im Kopf, schleudert sein Bein dem Ball entgegen. Im Fallen sieht er, wie die Nummer 9 den Ball mit einem Rückzieher seinem Libero zuspielt, der ihn direkt auf den rechten Flügel, der wie die Eilpost absaust, verlängert. Kudi liegt am Boden, mitten unter den Fotografen. Die Zuschauer pfeifen.

Kudi reibt sich das rechte Bein. Er atmet heftig. »Ich glaube, ich weiß noch ungefähr die ganze Mannschaftsaufstellung«, sagt er, »Stuber war im Tor. Verteidiger spielten Neury und Boquet. Wer Läufer spielte, ist mir entfallen, erinnern Sie sich?« Die Fotografen glotzen ihn an. Einer, ein älterer, schüttelt den Kopf. Kudi rappelt sich auf. Er wischt sich eine Träne aus einem Auge. »Wahrscheinlich Kernen, Casali 2 und Schneiter«, sagt er nachdenklich. »Der Sturm jedenfalls war: Kiki Antenen, Bickel, Friedländer, der während des Spiels einen Ball über das Tribünendach schoss, Ballaman und Tatton.« Kudi trabt auf das Spielfeld zurück. Er sieht, dass am Horizont, beim Schweizer Tor, ein ziemliches Gedränge ist. Die Zuschauer schreien wie die Wahnsinnigen. Kudi geht ganz allein über die österreichische Platzhälfte, bis zur Mittellinie, wo der gegnerische Libero steht. »In der letzten Minute kam Stäuble aufs Feld«, sagt er zu ihm, »Stäuble hatte, als er einen Torschuss versuchte, denselben runden Fischmund, den ich auch bei Seppe Hügi sah, einen stummen Schrei.« Der Libero starrt nach vorn, dahin, wo jetzt die weißen Spieler die Arme in die Höhe reißen. Wir wissen, was ein Torhüter fühlt, wenn der Ball hinter ihm liegt. Er ist einsam wie ein Kind, dessen Mutter in den Kanal gestürzt ist, sein Inneres ist ein schwarzer Abgrund. Das Gras knirscht jetzt unter Kudis Schritten. Er rennt. Der Rauhreif glitzert in einer plötzlichen Sonne auf. Wie ein Ziel, wie ein Glück sieht Kudi das ferne gegnerische Tor vor sich. Er ist etwas verblüfft, als ihm ein Österreicher, an dem er vorbeirennen will, den Ball wegnimmt. »Das geht doch nicht, Sie Rind!«, ruft er. Er packt ihn am Hals und schüttelt ihn. »Unsere Fußballer waren richtige Individualitäten, das sage ich Ihnen«, schreit Kudi. »Einer war Altphilologe, ein anderer konnte zaubern, wieder ein anderer war Alkoholiker, und die andern tranken auch gern.« Der österreichische Profi starrt Kudi an. Er schaut nach dem Schiedsrichter. »Einer war Exhibitionist«, murmelt Kudi und lässt den Österreicher los, »er fuhr auf dem Fahrrad durch die Stadt, seinen Schwanz hatte er an einem Gummiband an der Lenkstange festgebunden. Wenn er an einer Frau vorbeifuhr, klingelte er. Er musste nur vermeiden, absteigen zu müssen, aber Ampeln gab es damals noch kaum.«

Die Pause verbringt Kudi, beim Stand von 3:0, in der Kantine. Er trinkt einen Grog. Einige österreichische Reporter setzen sich an seinen Tisch. »Wir haben natürlich auch heute positive Leistungen aufzuweisen«, diktiert er ihnen in ihre Stenoblöcke. »Zum Beispiel haben wir in der Ausscheidung zur Weltmeisterschaft mit nur zwei Toren sechs Punkte gemacht, während die Italiener für nur zwei Punkte mehr zehn Tore brauchten.« Die Reporter nicken. Sie notieren sich alles. Es ist warm im Lokal. Kudi singt den Reportern ein Lied vor, einen Kuhreigen. Er winkt dem Kellner. »Noch einen Grog«, sagt er. »Wenn das Spiel in Rom nicht gewesen wäre«, fährt er fort, »hätten wir uns sogar qualifiziert. Ich habe alles genau gesehen. Beim ersten Tor ließ sich Gigi Riva fallen, weil er an Schild nicht vorbeikam, und Rivera schoss den Elfmeter natürlich ins Tor. Für mich zählt dieses Tor nicht. Beim zweiten Tor tappte Gigi Riva in unsere Abseitsfalle, aber der Schiedsrichter pfiff nicht. Ich zähle auch dieses Tor nicht. Umgekehrt muss man sagen, dass mir bei einem unserer Konter die Beine unterm Leib weggesäbelt wurden, ohne dass es deswegen einen Elfmeter gab. Diesen hätte Odermatt mit Sicherheit verwandelt. Wir hätten also 1:0 gewonnen. Damit sind wir für die Endrunde qualifiziert.« Der letzte Reporter, der noch an Kudis Tisch gesessen hat, steht auf. Stehend kippt er seinen Schnaps herunter, dann geht er durch die Tischreihen davon. »Ich könnte mir ein Finale Schweiz – Brasilien vorstellen, Sie Ignorant«, ruft Kudi hinter ihm drein. Dann sieht er, dass draußen auf dem Rasen ein Fußballspiel stattfindet. Er rennt zur Tür. Es ist seine Mannschaft. Dort sieht er seine Nummer 9. »Was ist los?«, ruft er. »Ich komme.« Er rennt die Stufen bis zum Spielfeldrand hinunter. Der Trainer, der einen hochroten Kopf hat, winkt ihn zu sich. Er schreit. Dann wirft er ihm einen Trainingsanzug ins Gesicht. Kudi zieht ihn an und setzt sich auf die

Spielerbank. Seine Auswechselkameraden rücken ein bisschen von ihm ab. »Habe ich etwas falsch gemacht?«, fragt er einen. Dieser schaut ihn einen Augenblick lang an, dann starrt er aufs Spielfeld. Gerade tankt sich die Nummer 9 durch, sie spielt den Ball auf den Kopf von Nummer 11, und der Ball ist im Tor. 4:0. »Diese Weltmeisterschaft wird nicht einfach werden«, murmelt Kudi vor sich hin, »auf diese Weise macht auch das Zuschauen fast keinen Spaß.« Er rüttelt seinen Nachbarn am Arm. »Wenn ich wenigstens auf eine andere Sportart umsteigen könnte, die mir mehr Freude brächte.« Jetzt weint Kudi. »Aber mit dem Velofahren ist es auch nicht mehr wie früher. Wo sind die Koblets und Küblers hin? Die Russen schießen inzwischen besser als wir, und die Italiener fahren schneller Bob, von den Deutschen gar nicht zu reden. Im Radball waren wir einmal einsame Klasse und im Eishockey europäische Spitze. Jetzt haben wir nicht einmal einen richtigen Minigolfer.« Kudi steht auf. Er schaut auf seine Kollegen, wie sie mit ihren Füßen trippeln und auf das Spielfeld schauen. Er räuspert sich. »Adieu!«, sagt er. Schluchzend geht er durch die Zuschauermenge, die sich hinter ihm schließt, zum Ausgang. Er stolpert blind über einen harten Acker, auf dem Krähen sitzen. Es beginnt zu regnen.

Peter Behle

Herr Eintracht und sein Hund Kickers

Vor einigen Jahren gab es ein Freundschaftsspiel zwischen Kickers Offenbach und Eintracht Frankfurt. Freundschaft zwischen Frankfurt und Offenbach, Eintracht und Kickers? Freundschaft zwischen zwei Industrieunternehmen, die ein Fußballspiel herstellen? Na ja, man nennt das halt so. Besser wäre: Vorbereitungsspiel auf den harten Bundesligaalltag mit harter Währung für Schritt und Tritt. Tritt vor allem! Nun gut, besagtes Spiel jener Freunde von hier und dort wurde also im dritten Fernsehprogramm übertragen.

Es war ein schöner, warmer Sommerabend. Greg, mein Hund, tummelte sich im Garten, und ich lümmelte mich mit einer Flasche Bier vor den Fernseher, siegesgewiss natürlich, denn:

Hört ihr's, wie der Donner schallt?
Das ist die Eintracht vom Riederwald!

Das Spiel fand zwar in Offenbach auf dem Bieberer Berg statt, der Deutschlands höchster Berg ist, weil dort Auf- und Abstieg so lange dauern, aber dennoch, es verlief Frankfurt-freundlich, wie es mir gefiel, wie ich es genoss, wie es mir guttat bei Bier um Bier.

Da geschah es, dass es Greg, meinem Hund, im Garten bei den Blumen zu langweilig wurde. Er kam herein, legte seine Riesenpfoten auf die Sessellehne und betrachtete das Geschehen, als wollte er sagen: »Jetzt aber, Jungs!« Die Offenbacher befolgten gehorsam seinen Rat, fingen an zu wirbeln, und schon stand es 1:0.

Ich schaute Greg an, der schaute mich an, und wenn ein Hund tückisch grinsen kann, dann grinste Greg tückisch. Ich bin zwar nicht abergläubisch, ich glaube auch, meinen Hund zu kennen, aber vorsichtshalber schickte ich ihn wieder in den Garten. So nahm dann alles seinen geordneten Gang:

Schön ist es, auf der Welt zu sein,
 sprach der Nickel zu dem Hölzenbein.

Und bald stand es 1:1.

Jetzt galt es sich ranhalten, vor der Pause einen Vorsprung herauszuschießen. Ich bangte mit den Jungs. Gleich musste die Halbzeit sein. Wunderbar, es lief gut. Pfostenschuss!

Hört ihr's, wie der Donner …

Greg kam rein, als ich gerade wieder losbrüllen wollte. Jetzt die Ruhe bewahren, Jungs. Greg stand vor seinem Napf. Schon Hundevesperzeit? Ach was, gleich ist Halbzeit. Ich schielte zu Greg, der zeigte auf den Fernseher, denn da fiel das 2:1 für die Kickers. Hinterlistig hatten sie meine Unaufmerksamkeit ausgenützt. Wenn ein Hund lächeln kann, dann lächelte Greg jetzt. Halbzeit.

Was tun, fragte ich mich. Ich liebe meinen Hund, aber sollte ich ihn jetzt, wonach mir war, verhungern lassen? Einfach so? Ich ließ mich erweichen. Greg fraß seelenruhig, wohl weil die Kickers mit einem Vorsprung in die Kabinen gingen.

Ich holte neues Bier, rückte Erdnüsse und Vereinswimpel auf den rechten Platz, machte es mir wieder gemütlich, schickte Greg, meinen Hund, nachdem er gefressen hatte, wieder in den Garten, und die zweite Halbzeit begann.

Ein paar Minuten lang schoben sie den Ball ruhig hin und her. Zum Einschlafen, zum Abgewöhnen, zum Nichthingucken. Obwohl, redete ich mir ein, gekonnt und souverän ist das schon, was die Eintracht da macht. Wieder kam Greg, mein Hund, rein, legte mir diesmal die eine Pfote über die eine, den Kopf über die andere Schulter und schaute zu. Ob er eigentlich übergeschnappt sei, fragte ich ihn, schaute ihn streng an, spielte Wut. Er zeigte mit der einen Pfote auf den Fernseher. Ich starrte in die Richtung, Tor! 3:1 für die Kickers.

Jetzt reicht's mir, schrie ich. Ob er sich eigentlich

ernsthaft unterstehe, hier und in diesem Hause ein Kickers-Fan zu sein? Ob er das mir, seinem Herrchen, antun könne, brüllte ich. Wenn Hunde ganz und gar hinterlistig sein können, dann war Greg, mein Hund, jetzt ganz und gar hinterlistig.

Offenbach, sagte er, Offenbach ist eine kleine Stadt, immer im Schatten von Frankfurt. Und die Eintracht, argumentierte er, die Eintracht sei ein reicher Verein, nehme in diesem für die WM ausgebauten Stadion viel mehr Geld ein. Und er, Greg, mein Hund, er sei schon immer auf der Seite der Schwächeren gewesen. Und überhaupt, in Offenbach sei das Stadion viel intimer, da könne man den Spielern noch Ratschläge zurufen, da spielten die Leute noch kämpferischen Fußball, da zeigten die Leute noch was für ihr Geld. Kickers, das sei noch eine Mannschaft …

Du bist doch nichts als ein blöder Hund, brüllte ich, und du hast keine Ahnung von Fußball. Die Eintracht, sagte ich, das ist eine Mannschaft aus Individualisten und Filigrantechnikern.

Filigrantechniker, kicherte Greg, Filigrantechniker! Ach, du liebe Güte! Dann sollen sie doch Uhrmacher und Goldschmiede werden, aber nicht Fußballer!

Wenn ein Hund Hohn kennt, dann kannte Greg, mein Hund, jetzt Hohn.

Und Grabowski? Grabowski, wiederholte ich, ist das nicht ein Superfußballer? Spielt der nicht auf einem Bierdeckel drei Kickers-Spieler schwindelig? He, du dummer Hund?!

Das ist schon wahr, meinte er, aber dafür springt er auch nur so hoch wie ein Bierdeckel. Greg sprach's, lachte, hob leicht ein Ohr, was noch nie etwas Gutes bedeutet hat, und es stand 4:1 für die Kickers.

Wenn man einen geliebten Hund hassen kann, dann hasste ich jetzt diesen geliebten Hund. Aber ich durfte mir das jetzt nicht anmerken lassen. Ruhe bewahren, Übersicht behalten, nicht einschüchtern lassen, hieß es jetzt für mich und die Eintracht. Lässig winkte ich ab. Ja, ja, sagte ich, sie spielen heute nicht einmal schlecht, lassen wir sie halt einmal ausnahmsweise gewinnen.

Ausnahmsweise!, flötete Greg, mein Hund, ausnahmsweise! Die Statistik aller Spiele spricht für Kickers. Das Torverhältnis sowieso.

Torverhältnis, brüllte ich, Torverhältnis, versteht jetzt ein Hund auch schon was von Torverhältnis?! Wer hat denn die wichtigen Spiele gewonnen? Wer war denn 1959 Deutscher Meister? Aha, Greg, mein Hund!

Er schwieg, hob wieder ein Ohr. 5:1. Jetzt reichte es. Ich warf ihn hinaus. Und es blieb beim 5:1.

Hört ihr's, wie der Donner schallt?

Nichts hörte ich. Nur Greg, meinen Hund, der es in der ganzen Nachbarschaft herumbellte, dass die Eintracht verloren hatte. Und ich wünschte mir in diesem Moment, dass die Eintracht den Bruno Pezzey an die Kickers verkauft, denn der ist Österreicher – wie mein Hund Greg.

Bernhard Minetti

Fußball und Theater

Sepp Herberger ist mir einer meiner wenigen echten Freunde. Ich muss von jenen absehen, die emigrierten. Einer war Auerbach, ein Bühnenbildner, Reinking-Schüler, früh verloren nach 33. Ein anderer Freund … Sepp Herberger war mein wichtigster, mein wesentlichster Freund. Sie können es daran ermessen, dass ich mich heutzutage bei vielen Anlässen und Vorhaben frage, was würde er sagen, wie würde er sich verhalten.

Wie würde Herberger sich im »Fall Schuster« verhalten? Gab es damals keine Schusters, gibt es heute keine Trainer-Persönlichkeiten wie Herberger mehr?

So kann man das nicht vereinfachen. Wer war der Schuster von damals? Ich halte Schuster – in seiner Entwicklung ist er natürlich noch längst nicht fertig gewesen, wie ich ihn beobachtet habe – für eine einmalige, überragende Begabung. Die Verschiedenheit zu Breitner – das ist jetzt wie Minetti/Wildgruber – wäre zu erörtern. Aber noch nicht fertig.

Die entscheidende Frage wäre, wie man ihn dahin entwickelt, dass er mal das Spiel macht. Er kann sowohl diesen jugendlichen, begeisterten – Minettis erste Epoche – Stürmer spielen, er kann inspirieren, und er kann auch Tore schießen, will Tore schießen. Sturm und Drang. Fritz Walter konnte auch Tore schießen, hauptsächlich aber machte er das Spiel, und er konnte auch bescheiden und unterordnerisch wirken. Diese Liebe Fritz Walter/Sepp Herberger – eine völlig unverdächtige – war eine Vater-Sohn-Liebe. Wenn ich mir vorstelle, Herberger/Schuster, ich meine, das ist dann eine menschliche Frage, findet eine Liebesbeziehung statt oder nicht. Begegnen sich Romeo und Julia oder nicht. Romeo braucht ja nicht der Julia zu begegnen. Oder Herberger und ich. Das fand eben statt.

Wann lernten Sie sich kennen, und wie?

In einem D-Zug. Sprach er mich an, sprach ich ihn an? Ich weiß es nicht. Er spielte damals bei der »Tennis Borussia« in Berlin.

Worüber sind Sie ins Gespräch gekommen?

Über Fußball natürlich. Er hat mich selten Theater spielen sehen, aber er wusste alles von mir.

War Herberger Theatergänger?

Wenig. Er hat mich nur gesehen in der *Liebe der vier Obersten* in Frankfurt und im *Menschenfeind* im Schlossparktheater Berlin. Filme mit mir kannte er. Doch sein Urteilsvermögen über die Vorstellung, die Theatralik, das Ensemble, die Personen entstand aus der Vorstellungskraft, aus der Art, wie er seine Mannschaften zustande brachte. Sie war psychologisch. Sie war eine ganz unwissenschaftlich unintellektualistische Fähigkeit, Psyche zu behandeln und zu erkennen. Das war eine einmalige Fähigkeit. Derwall muss davon was haben, obwohl er viel trockener, vorsichtiger ist. Seppl hatte die Intuition und die Instinkte genialischer Menschen. Er war imstande, eine Aufführung zu betrachten, und sagte, zum Beispiel im Sinne des Konkurrenzschaffens innerhalb einer Mannschaft, eines Ensembles, wir haben das oft miteinander verglichen, er sagte dann, »Der ist schwach und wird nur mitgenommen vom Ensemble; der findet nicht zu sich, der hat noch nicht genug Technik, der kann nicht genug, will aber, der ist originell; der ist handwerklich perfekt.« Da habe ich ihn gefragt: »Seppl, du redest jetzt über das ganze Ensemble, über meine Kollegen, wie fandst du denn mich eigentlich?« Da sagte er: »Ha, du weischt doch selbscht, was du machscht.« Das war die Kritik nach der *Liebe der vier Obersten* in Frankfurt. Das andere war hier der *Menschenfeind*, da sagte er nach einer Weile, wir saßen schon beim Bier, und ich fragte, wie er mich fand: »Tja, Bernhard, bis zur

Pause haste demonstriert, was du kannst, da haste viel gedribbelt. Nach der Pause hast du die Tore geschossen.« Und es stimmte! Ich war zuerst befangen, weil er drin saß, rettete mich in die Nuancen und meine Fähigkeiten, er vermisste wohl das Erlebnis. Ich hatte mich dann befreit, spielte mich frei, stellte die Existenz her. Die Rolle lebte.

Sie fuhren auch zu den Spielen der deutschen Nationalmannschaft – im Mannschaftsbus. Waren Sie beim Endspiel gegen die Ungarn in Bern 1954 dabei, Herbergers größtem Triumph?

Nein. Aber nach dem Spiel in Basel, das wir meines Wissens 5:3 gewonnen hatten, fuhr ich mit meiner Tochter zurück. Und an einer Tankstelle trafen wir Fritz Walter, Liebrich und Ottmar Walter zufällig und sprachen kurz über das Spiel. Da fiel von Fritz Walter, lachend, als erzähle er einen Witz, die Bemerkung: »Wissen Sie, der Sepp will mit uns Weltmeister werden.«

Er hatte sonst nie darüber gesprochen. Um sich auch vor der Öffentlichkeit nicht in Erfolgszwang zu bringen. Aber damals hätte wohl jeder gedacht, der spinnt.

Die Größe Herbergers kam zum Vorschein in der Phase nach der Weltmeisterschaft, als es schlecht lief, als wir gegen Belgien verloren, und als er mit Kübeln von Dreck von der Sportpresse – ein

Thema für sich – begossen wurde, er und seine Mannschaft. Wie er da den Kontakt zu den Spielern gehalten hat, wie er das verdaut hat, wie ein Mann, der eben hoch war und kurz darauf ganz tief, das hatte Größe. Der Mensch hatte sich in sich nicht eine Spur verändert. Eine große Menschlichkeit, wie überhaupt Beruf und Mensch sich gegenseitig durchdringen, wir sprachen über meine politischen Rollen, das ist auch eine Spannung, mit der ich mein Leben ausfülle.

Ebenso wie in der Theaterkritik gab es doch auch im Sportjournalismus Könner. Wer war Ihr Ihering, Ihr Kerr im Stadion?

Es gab den großartigen Zimmermann, den Fußballkommentator par excellence, was heute für mich Rudi Michel und Ernst Huberty sind. Die Moderatoren, die heute ans Mikrophon dürfen, also das ist ja teilweise eine Beleidigung, was für Jüngelchen da über Fußball reden und nachplappern, was sie sich die Woche zuvor angelesen haben.

Es gibt auch hier den subjektiven »Hurra«-Stil und präzisen, nüchternen Kommentar. Was bevorzugen Sie?

Also, entweder man macht's so wie der Meisel, der Österreicher, der dauernd Kabarett macht, der dauernd spricht, aber man gewöhnt sich mit der Zeit daran, es ist amüsant. Oder voller Reserve,

immer nur antippend, wie es Huberty bei den Länderspielen macht. Aber hier, wie in der Theaterkritik, ist ein breites Spektrum möglich, hier wie dort gibt es einige führende Köpfe und ansonsten Mitläufer. Ich finde es nur schade, dass es sich heute keine Zeitung mehr leisten will, nach dem Motto »Der Bessere soll gewinnen« zu kommentieren. Das wäre unter Seppl heute noch der Grundsatz. Sicher wollte Herberger immer gewinnen, war mit allen Wassern gewaschen. Aber ohne diese sportliche Grundeinstellung wäre seine Freundschaft mit Zebec, dem ungarischen Nationaltrainer, der die Niederlage zu erleiden hatte, nachdem er fünf Jahre lang gesiegt hatte, gar nicht vorstellbar gewesen. Auf dieser Basis. Und dieser Meinung, »Der Bessere soll gewinnen«, bin ich auch, deshalb kann ich auch leicht zum »Nestbeschmutzer« werden. Zum Beispiel war ich von den Brasilianern fasziniert, das möchte ich nicht missen. Unterschiede zwischen heute und damals. Sicher ist das Profitum einer, das große Geld.
Es gibt bei uns sehr oft Doubletten. Breitner/Rummenigge oder früher Beckenbauer/Müller oder Kaltz/Hrubesch oder Netzer/Heynckes. Früher gab es sowohl Fritz Walter/Ottmar Walter wie Fritz Walter/Rahn, es war abwechslungsreicher. Heute gibt es mehr Wasserträger.

Ihr schönstes Spiel?

In letzter Zeit war es Köln/Nottingham.

Ihre Lieblingsmannschaften?

Es waren Kaiserslautern und Schalke. Ganz früher der HSV. Ich habe selbst einmal bei Holstein Kiel so angetippt, ganz unerheblich, mein Bruder wurde in dem Verein leidenschaftlicher Amateurfußballer.

Noch mal zurück zum Mannschaftsbus der Nationalmannschaft. Erinnern Sie sich noch an eine besondere Fahrt?

Nach der Niederlage in Paris, Jahr bitte nachsehen, Ergebnis war 1:3, das schlechteste Spiel, das Fritz Walter überhaupt je in der Nationalmannschaft gegeben hat. Wir saßen im Bus, das Spiel war aus, wir konnten nicht losfahren, die Pariser jubelnd und unsere Mannschaft durch die Scheiben auslachend, ich saß ganz deprimiert in der Ecke. Am meisten deprimiert aber war der Fritz. Das dauerte. Stille. Fünf Minuten lang ungefähr. Seppl ließ die Mannschaft in Ruhe, ließ sie in ihrer Scheiße sitzen. Eine ganze Zeit. Plötzlich sagte er: »Fritz! Sie sind doch der Kapitän! Wolle Se Ihre Männer net singe lasse?!« Und dann fingen die an zu singen *Hoch auf dem gelben Wagen*, ganz schüchtern am Anfang, dann alle zusammen, und plötzlich sahen die Pariser durch die Fenster des Busses: Die deutsche Mannschaft sang! Ich habe Seppl noch am Vorabend seines Todes sprechen können. Es deutete nichts auf seinen Tod hin. Ich habe bei ihm Mittag gegessen, in Sachsen … Ich hatte in Mannheim zu spielen. *Der Macht der Gewohnheit* oder *Minetti*, einen Bernhard auf jeden Fall. Am nächsten Tag fuhr ich über Göttingen nach Berlin und erfuhr dann von meiner Tochter, dass er in der Nacht zuvor gestorben war.

Worüber sprachen Sie da?

Wir sprachen über Fritz, über seine Operation. Über seine Memoiren, die er vorhatte. Er machte seiner Frau Vorwürfe, dass die einen Fan nicht abgewimmelt hatte, einen begeisterten Fan aus Hamburg. Ein völlig sinnloser Besuch für ihn. Ach Gott, wenn man sich einen Vorwurf machen will: Ich war mit allem, was er getränkemäßig vorschlug, nicht zufrieden. Und er ist dann in den Keller gestiegen und hat noch einen Champagner heraufgeholt. Der Arzt war bei ihm. Doch da war nichts, was man befürchten musste. Geistig war er voll da. Er hatte nur einen Wunsch, den ich auch habe: »Ich möchte nicht ins Krankenhaus.« Er ist dann doch dort gestorben. Aber ich konnte seine Angst vor dem Krankenhaus gut verstehen.

Das Gespräch führte Matthias Matussek.

Eckhard Henscheid

Standardsituation – ein Fußball-Drama

Im Fernseh-Sportstudio. Eine Sportmoderatorin, blond und versiert und strahlend-dämlich, im Gespräch mit Spieler Matthias, der möglichst fränkelt oder pfälzert.

Die Szene erklärt quasi den Stücktitel.

MODERATORIN *zieht Matthias mit der Hand etwas an sich ran, Blick in die Kamera, Mikro hin und her schwenkend* Manni Matthias, was war los heute? Ihr habt im vorentscheidenden Spiel gegen Kaiserslautern hoch mit 1:4 verloren. *Grimasse in die imaginäre Kamera* Wie kam's?

MATTHIAS *wie aufgezogen leiernd, im schlechtesten neueren Fernsehreporterstil* Also, an sich waren wir von Anfang an durch unseren Trainer, *gesprochen »Drähna«*, also praktisch durch unseren Tabellenstand motiviert –

Die Moderatorin müht sich grimassenhaft lächelnd, Matthias zu bewegen, besser zur Kamera hinzuschauen und zu -sprechen; endlich schnallt er's.

MODERATORIN *abwesend* Und – was lief falsch?

MATTHIAS Wir waren, wie g'sacht, motiviert, praktisch hochmotiviert – aber dann ist aus einer Standardsituation heraus, wie g'sacht, schon nach dreizehn Minuten das 0:1 gefallen, dann fünf Minuten später das 0:2, wieder eine Standardsituation, wo eigentlich bei einer voll eingespielten Deckungsreihe nicht passieren darf, wenn man auf Meister programmiert ist. Also: Einwurf, Flanke, Tor. Frage: Wo blieb die Deckungsarbeit?

MODERATORIN *sinnlos* Tja – das ist die Frage –

MATTHIAS *noch aufgezogener* Gut, nach dem Anschlusstreffer waren wir praktisch wieder motiviert, motiviert waren wir ja vom Leistungsdruck her vom Anpfiff weg –

MODERATORIN *weiß was* Und ja wohl auch von den Siegprämien her!

MATTHIAS Klar. Auch von den Prämien her hochmotiviert. Wir sind praktisch auf Sieg einprogrammiert ins Spiel gegangen, aber dann kurz nach dem Seitenwechsel, wo wir das Spiel kontrollieren, praktisch das endgültige Out, das 3:1 für den Gegner. Praktisch wieder zum dritten Mal eine Standardsituation, was wir an sich glatt vom Training her beherrschen müssten, jedenfalls die Leistungsträger der Mannschaft.

Die Moderatorin feixt, äugelt etwas nervös ins Publikum, ständig hektisch smiling.

MATTHIAS Also: Freistoß an der sechzehn-Meter-Grenze – wir bilden die gewohnte Mauer –, scheinbar steht der Mauerblock – aber dann haben zwei Mann plötzlich einen totalen Blackout. Es entsteht ein Loch, mit dem natürlich der Keeper nicht rechnen kann, wie g'sacht. Dürfte normalerweise nie passieren, dass der Ball reingeht aus so einer relativ ungefährlichen Standardsituation heraus.

MODERATORIN *will nett sein* Hundertmal im Training geübt, und dann –

MATTHIAS Ach, tausendmal! Erst vorgestern noch! Aber – es passiert eben trotzdem.

MODERATORIN *falsch-vergnüglich* C'est la vie – auch im Spitzenfußball.

MATTHIAS Klar war dann, wie g'sacht, ein unheimlicher Riss in der Mannschaft. Wir waren praktisch total demotiviert, genau. *Plötzlich überraschend ernst* Praktisch meine größte sportliche und menschliche Enttäuschung seit 1982.

MODERATORIN *fix* Na, Kopf hoch, Manni, vielleicht klappt's ja wenigstens nachher bei unserem Torwandschießen.

MATTHIAS *wie ferngesteuert* Das 4:1 war dann praktisch nur noch eine Frage der Zeit.

Sepp Maier

Wider Willen ins Tor

Mit neun Jahren ließen mich die Fußballer erstmals mittrainieren. Wettspiele sind bekanntlich erst ab zehn Jahren erlaubt. In der Schülerelf des B-Klassenvereins TSV Haar war ich als Feldspieler eingereiht, als Halbrechter, als Halblinker, als Mittelstürmer, wie es gerade kam. Das sind so die Posten, von denen ich auch heute noch schwärme. Die ganze Schülerzeit hindurch, vier Jahre also, durfte ich mich als Torschütze versuchen. Mit vierzehn Jahren rückte ich in die Jugendklasse auf. Mein Verein suchte gerade für seine Jugendelf einen Torhüter. Nur so zur Gaudi probierte ich es mal zwischen den Pfosten. Ich habe mich aber keinesfalls mit dem Gedanken getragen, oder auch nur den leisesten Wunsch gehabt, einmal für immer auf der Torlinie zu stehen. Schließlich ist das Schießen von Toren doch sehr viel befriedigender, als selber die Bälle ins Netz zu bekommen.

Ich hatte zwar zu Hause, mit meinem gestrengen Herrn Papa als Trainingspartner, sehr oft als

Torhüter Beifall bekommen. Mein alter Herr hatte wahrhaftig einen Bombenschuss: Wenn mich einer seiner Bälle mit voller Wucht traf, dann landete ich mit dem Ball zugleich im Netz, wie einstens Baron Münchhausen selig auf seiner Kanonenkugel. Aber gefangen hatte ich das Leder! Und so muss sich wohl auch eine gewisse Fertigkeit auf diesem Mannschaftsposten bei mir ausgebildet haben. Das begann bereits im »Blütenalter« von etwa sechs Jahren, wo allgemein der »Straßenfußball« mit Blechbüchsen und sonstigem Ballersatz im Schwange ist. Wie gesagt, ich hatte schon einige Übung als Torwächter, bevor ich erstmals beim TSV Haar in einem regulären Fußball-Vereinsdress dieses Amt versehen durfte. Man muss mit mir zufrieden gewesen sein. Ich spielte nämlich dann immerhin ein volles Jahr lang abwechselnd im Tor und als Stürmer auf allen Posten. Eines Tages wurde Ludwig Göschl, der »etatmäßige« Torwart, verletzt. Der Ludwig spielt übrigens heute nur noch gelegentlich Fußball. Also hütete ich ersatzweise für ihn seinen Kasten in einem Punktspiel. Und, leider, hätte ich beinahe gesagt, mit so großem Erfolg, dass alle meine Proteste gegen die »Versetzung« zwischen das Gebälk fruchtlos blieben.

Ich habe meinen Jugendleiter angefleht, mich doch »draußen« im Feld spielen zu lassen. Vergebens. Erst als der Ludwig wieder fit war, durfte der Sepperl gottlob wieder stürmen. Das dauerte aber nur ganze zwei Monate. Wieder setzte eine dumme Verletzung den Ludwig außer Gefecht, und wieder war ich der Leidtragende. Jugendleiter Heiß beorderte mich ein weiteres Mal ins Tor. Diesmal schlüpfte ich, ohne zu murren, ins Trikot Göschl. Es sollte ja, auf Ehr und Seligkeit, nur eine Ausnahme sein, und außerdem: Es war uneingestandenermaßen schon ein Vergnügen geworden, auf der Torlinie die Schüsse zu entschärfen. Wie es nun der Zufall haben will, spielten wir am Samstag darauf gegen den FC Bayern München, gegen seine zweite Jugendmannschaft. Diese erste Begegnung mit dem FC Bayern ist für mich zu einer Art Schicksalswende geworden, und dass sie besonders erfreulich gewesen wäre, könnte ich nicht behaupten.

Die »Bayern-Jugend« suchte auch einen Torwart. Das habe ich aber damals nicht gewusst, sondern erst sehr viel später erfahren. Wir verloren gegen die Bayern 0:7. Aber, ich möchte mich jetzt nicht loben, ich war trotzdem der beste Mann auf dem Platz. Denn ohne eine gute Leistung des Torwarts hätte das Ergebnis nämlich gewiss 0:12 gelautet. Ich war damals vielleicht 1,65 Meter groß, und das Tor ist immerhin 2,44 Meter hoch und 7,32 Meter breit! Die Bayern hatten deshalb geglaubt, sie könnten mir alle Bälle hoch hineinpfeffern. Aber da hatten sie sich mächtig getäuscht. Wie der Ball auch kam, irgendwie kriegte ich ihn meistens in die Finger, ganz gleich, aus welcher Entfernung die rothosigen Fußball-Buben das Leder auch abfeuerten.

Richard Kupferschmidt, der Bruder des berühmten Kupferschmidt, mit dem zusammen ich als Maschinenschlosser lernte, hatte mir schon oft vom FC Bayern erzählt und eigentlich erst den Wunsch geweckt, einmal selbst in dem rot-weißen Dress der Münchner spielen zu dürfen. Ich hatte auch schon beim Training an der Säebener Straße zugeschaut, und was ich sah, hatte mir imponiert. Nach dem Spiel gegen die Bayern-Jugend wurde mein Entschluss endgültig. Ich wollte zum FC Bayern, wo es so gute Spieler gab, dass gegen sie unsere Mannschaft nur einen Außenseiter abgab. Es versteht sich von selbst, dass unser Jugendleiter von meinem Wunsch »umzusteigen« nicht gerade begeistert war. Er hatte nicht genügend Spieler, um leichten Herzens auf einen vielversprechenden, wie ich es nun einmal zu sein schien, verzichten zu können. Andererseits wollte er mir aber auch nichts in den Weg legen. Es war eine Ehre für mich, den Buben aus der Vorstadt, in einem so traditionsreichen Club spielen zu dürfen. Und so trat ich 1960, mit fünfzehn Jahren, dem FC Bayern bei. Meine zukünftigen Kameraden hatten nach ihrem 7:0-Sieg gespöttelt: »Wie kann nur ein solcher Knirps einen so großen Ball fangen?« Besagter Knirps also war nun stolzes Mitglied in ihrer Jugendabteilung und ihr Mannschaftskamerad geworden.

Paul Breitner

Ganz in Weiß – oder die Erfüllung eines Jugendtraumes

Was bist du doch für ein riesengroßes Rindvieh, du bist doch bescheuert …

Ich war voll dabei, mich seit gut einer Stunde zu beschimpfen und fertigzumachen. Montag, 8. Juli 1974, vormittags. Im Schichtarbeiterprogramm des Österreichischen Fernsehens gab es die Aufzeichnung des WM-Endspiels vom Vortag; genau die richtige Therapie für meinen Weltmeisterkater, dachte ich zumindest, wobei ich natürlich nicht damit rechnete, dass das Nüchternwerden zur totalen Ernüchterung führen könnte. Sah ich doch da einen mit der Nummer 3, der sich beim Elfmeterpfiff den Ball nahm – dabei fing ich an, jetzt, einige Stunden später, zu zittern, zu schwitzen, auf der Sesselkante hin und her zu zappeln. Würde er ihn verwandeln, ja ist er denn verrückt, warum lässt er nicht einen anderen schießen, was passiert, wenn er ihn nicht reinbringt – warum nimmt ihm keiner den Ball weg? Spinnt denn der völlig? – Tor!

Puh, ich stand auf und bin – die 2. Halbzeit lief bereits – im Wohnzimmer auf und ab marschiert, bis mich das Telefon zusammenzucken ließ und aus meiner Abwesenheit zurückholte.

– Ob ich Lust hätte, zu Real Madrid zu wechseln?

– Na ja, Lust schon, aber ich hatte noch einen Vertrag beim FC Bayern.

– Kein Problem, wenn Sie wollen, werden wir uns sicher auch mit Ihrem Verein einig.

Spontan hatte auch meine Frau nichts gegen einen Wechsel, so gab ich dem Anrufer, einem Kontaktmann der Spanier in Deutschland, mein O.K. für Verhandlungen in den nächsten Tagen.

Die sollten in Sardinien sein, wo wir für nur acht Tage Urlaub gebucht hatten.

Wir waren schon wieder in München, und aus Madrid war immer noch nichts zu hören.

Ich hatte das Gefühl, von jemandem fürchterlich verarscht worden zu sein, denn ich erfuhr den Grund für diese Funkstille erst viel später. Er war denkbar einfach:

Miljan Miljanic, bei der WM noch jugoslawischer Staatstrainer, war mit dem Ausscheiden seiner Mannschaft sofort in Reals Dienste getreten und präsentierte noch am Tag des WM-Endspiels seinem neuen Arbeitgeber eine Liste mit den Spielern, die er für die neue Saison verpflichten wollte. Ganz oben der Name Breitner.

Wie – einer, von dem es hieß, er sei Maoist, Kommunist, sollte zu Real in den königlichen Club kommen? Das wäre ja ein dicker Hund! Santiago Bernabeu würde das auf keinen Fall zulassen, da war man sich in Reals Chefetage sicher. Miljanic präsentierte also seine Liste und bekam den Auftrag, über jeden Spieler, den er haben wollte, Erkundigungen einzuholen. Nicht im Hinblick auf das fußballerische Können wohlgemerkt, sondern vielmehr, was die Menschen selbst, ihren Charakter anbelangte. Nun versuchte Miljanic in den folgenden Tagen so viele Informationen wie möglich zu sammeln, vor allem in Deutschland. Sein Hauptinformant Branko Zebec – er trainierte die Bayern bis zum Frühjahr 1970, ich kam erst ein paar Monate später nach München – meinte nur: Das kann gar kein schlechter Kerl sein, wenn er mit der Führung des FC Bayern ständig Streit hat. So vergingen eineinhalb Wochen, bis Miljanic mit seinen Unterlagen wieder zu Real-Präsident Bernabeu fuhr.

Die Informationen waren positiv: ein sicher schwieriger, eigenwilliger Typ, mit dem Real aber keine Probleme haben wird. Bernabeu gab daraufhin seinem neuen Trainer den Auftrag: Kauft diesen Breitner!

Bereits nach einer Woche liefen die ersten telefonischen Verhandlungen mit dem FC Bayern. Wir befanden uns für ein Kurztrainingslager im Adidas-Hotel Herzogenaurach. Fast im Vorübergehen gab es dort den entscheidenden Dialog mit Manager Schwan.

– Du Paul, da hat gerade jemand von Real Madrid angerufen, die wollen dich haben. Würdest du hingehen?

– Ja, ich glaube, ich komme mit denen klar.

– O. K., gib mir nur Bescheid, wenn du mit Real einig bist.

Das dauerte nicht lange. Wir bestritten ein Freundschaftsspiel in Aachen. Mit Günter Netzer, der bereits ein Jahr bei Real unter Vertrag und zu diesem Zeitpunkt Kontaktperson zwischen Real und mir war, vereinbarte ich an diesem Dienstag für 22.30 Uhr ein Gespräch. Ich informierte Udo Lattek, ließ mich von ihm in der Halbzeit auswechseln und fuhr ins Hotel zurück.

Punkt halb elf meldete sich Günter aus der Real-Geschäftsstelle. Er sollte die Verhandlung mit Reals Finanzleuten dolmetschen. Doch da war nur wenig zu übersetzen. Ich sollte nur meine finanziellen Bedingungen für einen Wechsel nach Madrid nennen.

– Gut, Paul, meinte Günter, die Leute hier müssen sich jetzt mit Santiago Bernabeu in Verbindung setzen. Der sagt dann ja oder nein, aber ich weiß, es sieht sehr gut aus. Flieg bitte morgen früh mit der ersten Maschine nach München. Ich ruf dich dort um 11 Uhr an und gebe dir Bescheid.

Um 5.30 Uhr wollte ich mich wecken lassen. Es war nicht nötig. Der Versuch, mir meine Chance bei Santiago Bernabeu auszurechnen, noch einmal abzuwägen, ob mein Schritt bei einem Ja von Real auch der richtige sei, hielt mich die ganze Nacht wach. Letztendlich beendete Günters Anruf alles Grübeln:

– Paul, ich gratuliere dir, Santiago Bernabeu hat ja gesagt. Bitte such für deine Frau und dich eine Flugverbindung nach Madrid. Aber so, dass ihr morgen, also Donnerstag, von München startet, irgendwo übernachtet, meinetwegen in Zürich, Paris oder sonst wo, und am Freitag gegen Mittag in Madrid seid. Hannelore (Günters damalige Freundin) wird euch abholen und zu uns nach Hause bringen.

Er versuchte mir dann noch zu erklären, dass meine Präsentation für Freitagabend im Bernabeustadion angekündigt sei, Real habe die Verpflichtung eines zweiten Ausländers bekanntgegeben, ohne jedoch einen Namen zu nennen.

Schließlich unterbrach ich ihn, ich brauchte seine Telefonnummer, um mit ihm noch mal alles abzusprechen. Ich wollte nicht sagen, dass ich nach seinem Glückwunsch vor lauter Freude fast nichts mehr mitbekommen hatte. Ich war berauscht. Mir, Paul Breitner, würde der Traum von hunderttausend, vielleicht Millionen Fußballspielern, egal, ob Kindern, Jugendlichen oder Erwachsenen, in Erfüllung gehen, einmal bei Real Madrid spielen zu dürfen. Und da war es auch vollkommen nebensächlich, dass die Real-Mannschaft des Jahres 1974 nicht mehr die absolut dominierende der Endfünfziger und Anfangssechziger war. Real, das war etwas Unvergleichbares – ein Traum.

Ich bin überzeugt, wie bei uns, den Schülern und Jugendlichen des ESV Freilassing, so wurde auch in anderen Vereinen viele Jahre hindurch die neue Spielkleidung genauso bestimmt: Welche Farben? Blöde Frage! Ganz in Weiß natürlich, *wie* Real Madrid!

Jetzt fiel mir dieses »natürlich, wie Real Madrid« ein, als ich nach einer Anreise über Paris und viel Geheimniskrämerei am Freitag in Reals Umkleidekabine stand und meine neue Spielgarnitur beinahe ehrfurchtsvoll betrachtete: Strümpfe, Hose, Trikot – ganz in Weiß – aber diesmal *von* Real Madrid.

Ludwig Harig

Aus der Tiefe des Raumes

1

Bleigrauer Himmel bedeckte den Kessel. Die Jets auf dem Tempelhofer Flughafen spuckten die Fans zuhauf aus. Am Wochenende platzte Berlin aus allen Nähten. Da tagte der Kakteenzüchterverband. Da tagte der Kongress der Werbeberater. Da tagte auch das deutsche Dachdeckerhandwerk. In Berlin kochte deutsch-englischer Fußballeintopf. Es begann mit einem vornehmen englischen Nieselregen. Dann folgte ein Platzregen. Die Gastronomie disponierte ganz logisch mit der Wetterkarte. Die britischen Musiksoldaten heizten die Stimmung an. Mittlerweile war das Musikkorps der Berliner Polizei in Konkurrenz mit den Königlichen getreten. Der Tag der Wahrheit in Berlin begann mit einem kleinen Missklang. Der rotblonde Alan Ball kickte im Hotelgang mit einem Gummiball. Da filmte Sepp Maiers aparte Ehefrau Agnes, auf den Schultern des großen Frankfurter Amateur-Nationaltorhüters Schauber sitzend, die Wachablösung vor dem Buckinghampalast. Da schaute Brigitte Beckenbauer vom Stadtrundfahrtbus aus begeistert auf die herrlichen Modeboutiquen in den großen Londoner Geschäftsstraßen. Da bekannte die 95 Pfund leichte Hannelore Schwarzenbeck angesichts der Nelson-Säule und der ehrwürdigen Westminster-Abtei: Dass ich das alles hier sehe und erlebe, verdanke ich doch ganz allein meinem Mann. Ein Traum ging in Erfüllung. Aus einem Tal von Tränen stieg ein sonnendurchfluteter Morgen herauf. Wie ein Phönix aus der Asche hat sich ein Team des geringsten Kredits zum spektakulären Börsenkiller gemausert. Fast möchte man pathetisch werden und ausrufen: Ein Wunder ist geschehen!

2

Sepp Maier war alles andere als ein Flattermann. Aus dem Krisen-Maier wurde ein Riesen-Maier. Sepp war ein Hort der Sicherheit. Paul Breitner war einer der ganz Großen des freudenreichen Tages. Gut gemacht, Breitner. Breitner lässt Lee sensationell aussteigen. Der Vagabund Lee konnte ihn nie ernsthaft erschüttern, so tief er auch in die Trickkiste zu greifen suchte, sosehr er auch Schnelligkeit und Entschlossenheit in die Waagschale warf. Paul Breitner warf sein Gegenüber zurück. Beckenbauer marschiert. Nanu, Franz Beckenbauer zirkelt Peters den Ball vor die Füße. Peters donnert ab. Wie Apollo 16 zischt der Ball weg. Aber da steht ja Höttges, der Rettungsengel. Geoff Hurst verschwand in der Versenkung. Hurst wurde von Horst Höttges glatt in die Tasche gesteckt. Nach 58 Minuten war Hursts Uhr abgelaufen. Höttges hatte sie abgestellt. Höttges ließ nichts anbrennen. Der Eisenfuß aus Bremen raffte sich wieder auf. Flohe mangelte es an konkreten Einsatzmöglichkeiten. Obwohl sich der Kölner bis zum Letzten verausgabte, schaffte er es nicht, dass aus dem Fremdkörper ein Feuerwerkskörper wurde. Grabowskis Dribblings machten Hughes das Leben sauer. Der rechtsbeinige Hughes spielte auf dem linken Verteidigerposten. Neben ihm stand in der Mitte der einbeinige Hunter. Hunter fälscht Hoeneß' beherzten Schuss noch als Gurke über Banks ab. Marsh war nicht zu sehen. Banks war mit dem Fuß da. Alan Ball, dem nichts auf der Welt heilig zu sein scheint, schlug seine Hände über dem Kopf zusammen. Später gestattete Schwarzenbeck dem Engländer solche Scherze nicht mehr. Wo Chivers sprang, sprang auch sein Schatten. Dieses Etwas reichte nicht aus, um gegen Schwarzenbeck Land zu gewinnen. Als Schwarzenbeck in der 17. Minute Sigi Held mit einem Steilpass freispielte, der Englands Abwehr wie ein Axthieb aufspaltete, war Banks of England machtlos.

3

Zu Beginn des zweiten Durchgangs ging ein Ruck durch das englische Team, der nicht ausschließlich moralischer Natur war. Die Engländer wollten es wissen. Ball zog aus halblinker Position ab. Der Nachschuss blieb an Wimmers Kopf hängen. Wimmer treibt sehenswert den Ball. Wimmer rannte unermüdlich durch den Dauerregen. Sir Alf Ramsey ließ es tatenlos geschehen. Auch auf dem Berliner Rasen war Netzer der König. Helmut Schön hatte Netzer die Anweisung gegeben, erneut aus der Tiefe des Raumes zu kommen. Ein Netzer-Freistoß verlor sich auf den Rängen. Der Ball pfiff, perfid angeschnitten, über den Querbalken. Der Ball landete in den Wolken. Netzers Eckball zwang Banks zur Konzentration. Sigi Held fabrizierte einen Lattenaufsetzer. Der Kernschuss rasierte die Latte. Zuvor hatte es im englischen Strafraum gebrannt. Hoeneß, Netzer und Müller schossen Deutschland in einen Fußballtaumel. Der

Münchner ist ein Diamant. Gerd Müller wurde von einem Bobby bewacht, der Moore heißt. Der sonstige Abwehrspieler der Briten spielte sich im Schlussteil als eine Art Schreckenstein auf. McFarland macht dem Münchner das Dasein zur Hölle. Da wusste man, dass Storey Günter Netzer beschatten würde. Storey bekam den Filigranfußballer nicht in den Griff. Wenn der giftige Engländer im Duell Mann gegen Mann Netzer einmal fand, dann half sich Storey vorwiegend mit unschönen Fouls. Der störrische Storey hatte ihm einen ganzen Vergissmeinnichtstrauß von blauen Flecken aufgedrückt. Bell und Ball hackten im Mittelfeld herum. Innerhalb von Sekunden setzten Hughes und Ball die Sense bei Breitner und Hoeneß an. Die Schere von Moore schlug zu. Die Engländer nieteten Müller um. Die Engländer mähten alles nieder. Ein Tribünennachbar sagte: Ick wollte mir ne neue Mähmaschine für meinen Rasen koofen, aber dieser Moore is ja viel bessa. Die Deutschen ließen sich nicht ins Bockshorn jagen. Ihnen waren von der Bank her Fesseln angelegt worden. Als dann in den letzten zwei Minuten die Gastgeber einige kombinatorische Kostproben zum Besten gaben, da war der neue Riss im englischen Lager nicht mehr zu vermeiden. In der 89. Minute dann etwas Ungeheueres. Etwas Unfassbares. Hoeneß zauberte vor dem englischen Strafraum. Der Rest war ein vergebliches Stochern der Engländer am Sicherheitsschloss der Deutschen, das auch dann nicht aufsprang, wenn sich eine Panne oder ein Fehlpass einschlichen. Der deutsche Zug fuhr auf dem Sicherheitsgleis in die Schlussrunde. Vergeblich lief das englische Team seinen Chancen nach. Ihnen war es kein Trost, dass sie mit der Nationalhymne in die Kabinen entlassen wurden.

4

Helmut Schön sagte: Jetzt haben wir Blut geleckt. Hans-Dietrich Genscher sagte: Der Geist von Wembley ist willig, der Rasen nass. Schwarzenbeck sagte: Wenn Chivers uns hätte verstehen wollen, dann hätte er schon Bayrisch lernen müssen. Jürgen Grabowski sagte: Im Mittelfeld haben bei denen drei Schrubber gespielt. Herbert Wimmer sagte: Dieser rothaarige Alan Ball ist ein kleiner Teufel. Alan Ball sagte: Das Spiel ging an uns vorbei. Der *Sunday Express* sagte: Oh, welch ein schwarzer Tag für England. Der *Observer* sagte: Kein Engländer kann sich jemals wieder mit der alten Vorstellung wärmen, dass die Deutschen auf dem Fußballplatz, wenn schon sonst nirgendwo, eine minderwertige Rasse seien. *News of the World* sagte: Die deutschen Fußballer hängten nicht nur die schweißdurchtränkten weißen englischen Hemden auf die Wembley-Linie. Der *Sunday People* sagte: Deutschland hat den Löwen am Schwanz gezogen. Die *Sunday Times* sagte: Die Methoden des Sir Alf können so seltsam sein, dass sie manchmal exzentrisch werden. Der *Sunday Telegraph* sagte: England muss zurück aufs Reißbrett. Der *Sunday Mirror* sagte: In vierzehn Tagen wird es ein Begräbnis in Berlin geben. Sepp Herberger sagte: Wir dürfen uns über diesen Erfolg freuen. Hans Eiberle sagte: Das freut ihn, und viele freuen sich, dass er sich freut. *Bild* sagte: Jungs, wir könnten euch alle umarmen. Gerd Müller sagte: Da kannst net viel denken.

5

Die Pfiffe für die Gedemütigten überdeckten den Applaus. Die Walze der Renner war zu leicht, um die deutsche Abwehr platt drücken zu können. Sie war andererseits auch wiederum geistig zu unbeweglich, um als Prellbock für das Ideenspiel ernsthaft in Betracht zu kommen. Englands Mannschaft war zum Offenbarungseid gefordert. Das Spiel hat die Briten überholt. Vom Glanz jener Tage ist nichts mehr außer Rennen und Fighten geblieben. Was hatte England vom freiwilligen Stutzen seiner Flügel? Heute muss England wieder auf die Schulbank. Sir Alf vermag nicht über den Schatten der taktischen Schablone zu springen. Für Berlin wird Sir Alf kaum noch einmal seine alten Pferde satteln können. Wenn zutrifft, was englische Zeitungen vor dem Spiel des Jahres posaunten, dann wird Sir Alf enthauptet. Es ging auf Mitternacht zu, da erschien Sir Alf Ramsey auf den britischen Fernsehschirmen und veranstaltete eine Fußball-Geisterstunde. Im Berliner Olympiastadion hatte sich eine höchst unbegreifliche Verschwörung übernatürlicher Kräfte ereignet. England ist im Europapokal nicht von elf anderen Spielern besiegt worden. Das Schicksal hatte zugeschlagen. Beispielsweise die Fingerspitzen Gordon Banks oder die Zehenspitzen des Bobby Moore. Hätte er damals den Elfmeter von Netzer nur um den Pfosten gelenkt. Hätte Bobby Moore den Held nur um Millimeter außerhalb des Strafraums erwischt. Hätte Höttges den Ball nicht von der Linie geholt. Hätte Chivers den Ball mit dem Kopf erwischt. Sir Alf gab eine Apologie im Konditional. Die knochenharten Engländer waren geschafft. Dass die Partie nur kaltes Licht verströmte, wo alles auf lodernde Flamme erpicht war, ist den Engländern als Schuld anzulasten. Wo das kalte Kalkül herrscht, bleibt die Begeisterung vor der Tür. Die Engländer wurden eiskalt vor die Tür gesetzt. Nach dem Mittagessen übergab Direktor R. W. Schelbert vom Hotel Schweizerhof eine Höhensonne an Sir Alf Ramsey. Fußballengland hat Trauer angelegt. Als Günter Netzer und Bobby Moore barfüßig und mit um die Hüften geschlungenen Handtüchern aneinander vorbeigingen, schauten sie sich nicht in die Augen. Während die Deutschen brav ihr Speiseeis vom Teller löffelten, pafften die Engländer bereits dicke Zigarren. Die deutschen Spieler klagten beim Bankett über die brutale Härte der Engländer, als für diese auf spielerischem Sektor der Zug abgefahren war. Wembley wurde heiliggesprochen. Der Geist saß auf einem Thron von Tradition und Triumph. Das Stadion mit seinen gewaltigen Türmen und der furchterregenden Düsternis englischer Schlösser im Moor erschien Fußballspielern als das Neapel ihres Lebens. Der Geist sitzt mittlerweile recht unbequem. In Wembley hat für die Deutschen stets Wagner'sche Musik gespielt. Der Geist von Wembley ist verschieden für die Deutschen, die Wagner'schen Töne sind ausgestanden. Lang und tief wurden die Züge des Angriffs geführt, eng und konzentriert die Fäden der Abwehr geknüpft. Zum

Triumph des Haltens gesellte sich der Triumph des Lösens. Der Kenner konnte immer wieder nur jauchzen. Bevor wir jedoch in diese Details gehen, müssen wir das entscheidende Mittelstück auf die Waage legen. Mit dem deutschen Ziehharmonikaspiel wurde Öl auf die Wogen englischen Siegeswillens gegossen. Die deutsche Deckungsreihe ist mit einer Strategie des reduzierten Risikos nicht zu überrumpeln. Der Sprung ins sichere Netz genügte, die Mehrzahl der deutschen Fußballfans zufriedenzustellen. Was den Erfolg der deutschen Elf am Samstagabend im Londoner Wembleystadion über alle statistische Bedeutung hinaus so wertvoll macht, ist die Art und Weise, in der unsere Spieler endlich im Mekka des Fußballs der Legende den Garaus machten, allein teutonischer Kampfgeist verhelfe ihnen zu ihren Erfolgen auf internationalem Parkett. Zum eindrucksvollen Bild dieses Spiels, das mit wuchtigen Strichen von Breitner, Schwarzenbeck, Höttges sowie mit leuchtenden Farben von Beckenbauer und Netzer geschaffen wurde, sorgten die unermüdlichen Pendler und Schlepper Wimmer, Hoeneß und Grabowski sowie in der Schlussphase vor allem Held und Müller für den ebenso prächtigen Rahmen. Der steinerne, halbdunkle Gang, der von den Kabinen zu den Duschräumen führt, hatte etwas von der Düsterkeit einer Kasematte. Helmut Schön sagte: Bindet den Helm fester. Er hat aus dem Nichts ein Team der Bereitschaft gefunden und formiert. Wie eine Meute hungriger Wölfe waren die Fußballexperten aus aller Herren Länder über ihn hergefallen und versuchten ihn wie eine Zitrone auszuquetschen. Deswegen braucht unser Bundestrainer noch lange kein Reisemuffel zu sein, geschweige denn ein Sexmuffel.

Uli Hoeneß

Der Elfer von Belgrad

Allein lag ich da – hoch oben im 16. Stock des Hotels Jugoslawia in Belgrad. Sie hatten mich alle allein gelassen. Und ich war froh darüber. Ich wollte niemanden mehr sehen. Ich hatte nichts angerührt vom Abendessen, ich hatte den Rotwein stehenlassen und den Sliwowitz, mit dem sich die Deutschen den Kummer hinunterspülten.

Sie hatten mir alle auf die Schulter geklopft. »Macht nix, Uli«, hatten sie fast alle gesagt, »hätte mir auch passieren können.« Und dennoch spürte ich in allen den vorwurfsvollen Blick. Ich konnte verstehen, dass sie sauer waren, dass die Enttäuschung abgrundtief war.

Zuerst hatten sie neunzig Minuten lang wie die Wahnsinnigen gekämpft. In letzter Minute hatte Hölzenbein das 2:2 geköpft. Verlängerung, Elfmeterschießen. Und alle hatten getroffen – bis auf mich. Deshalb war die ČSSR Europameister geworden.

Deshalb lag ich jetzt da hoch oben – alleine.

Mein Zimmerkamerad Bongartz schwirrte noch irgendwo durch Belgrad. Durch mein Hirn schwirrten Gedanken, Vorwürfe. Ich wollte schlafen, aber ich lag mit offenen Augen da und phantasierte. Ich wurde von schrecklichen Halbträumen gequält – wann, verdammt noch mal, war diese Nacht zu Ende?

Im Traum lief ich mich noch mal warm. Ich spürte noch mal die Müdigkeit in den Beinen. Bleischwer schleppte ich sie über den Rasen. Die Saison war lang gewesen. Mein rechtes Knie war zweimal operiert worden. Ich hatte mich noch mal aufgebäumt – ein halbes Jahr lang. Aber jetzt zählte ich wie ein angeschlagener Boxer die Runden. Ich beobachtete Bonhof, der im D-Zug-Tempo durch die tschechoslowakischen Abwehrreihen brauste. Und ich sah mich ohnmächtig daneben stehen – mich, der ich dem Bonhof vor drei Monaten davongerannt war, der ihn lächerlich gemacht hatte.

Ich träumte von Verzweiflungstaten, von einem Spurt an Goegh vorbei, von einem Schuss an den Pfosten. Aus drei Metern hatte ich abgedrückt, dumpf war der Knall. Hätte ich nur getroffen! Das wäre der Sieg gewesen – es wäre nie zu diesem verdammten Elfmeterschießen gekommen.

Aber nun lagen wir im Mittelkreis, lechzten nach einem Schluck Wasser aus dem Schwamm, drückten die Eiswürfel auf die erhitzten Wangen, auf die pochende Halsschlagader. Wortlos lagen wir da, spürten nicht die Hektik der Betreuer, die fünf Elfmeterschützen finden mussten. Mit mir hätten sie jetzt alles machen können.

Jupp Derwall, der Assistent von Bundestrainer Helmut Schön, ging von Mann zu Mann. Drei Schützen hatte er schnell gefunden. Sie waren ja schließlich fast unfehlbare Elfmeterspezialisten, der Flohe, der Bonhof, der Bongartz. Wimmer und Beer wären's auch gewesen. Aber die saßen schon draußen, ausgewechselt, während dieser atemberaubenden Fußballschlacht. Wer waren die letzten zwei Opfer? Franz Beckenbauer wollte nicht – und ich wollte nicht.

»Das Nervenspiel mit dem Torwart kann ich heute nicht mehr verkraften«, sagte ich leise.

»Dann schieß halt ich«, schrie einer von hinten. Er war noch ganz frisch, der Torwart Sepp Maier. Plötzlich wachte der Beckenbauer auf. »Bevor der schießt, dann lieber ich«, sagte der Franz. Jetzt waren's schon vier.

Jupp Derwall schaute mich an. »Dann muss eben der junge Dieter Müller schießen«, meinte er leicht vorwurfsvoll. Jupp hatte mich überredet. »Verdammt noch mal, für den Jungen ist das ja noch schlimmer als für mich«, brummte ich, Masny, Nehoda, Ondrus und Jurkemik hatten für die Tschechoslowaken schon getroffen, Bonhof, Flohe und Bongartz für uns. Dann machte ich mich auf den langen Weg vom Mittelkreis zum Elfmeterpunkt. Ich fühlte mich nicht unwohl dabei. Ich war so weggetreten, wie's sonst nur im Konzertsaal passieren kann. Ich merkte nicht, dass da überhaupt Leute drin waren, im Stadion. Einsam spazierte ich auf den weißen Punkt, rings um mich Sahara. »Ins rechte Eck kannst du nicht schießen«, dachte ich, »denn dann müßte ich mit der Innenseite schießen. Das erfordert Konzentration, die nicht mehr da ist. Also donnerst du den Ball mit dem Innenspann ins linke Eck. So hart, dass notfalls der Torwart mit dem Ball ins Tor fliegt.« Ich wanderte immer noch mit weichen Knien. »Uli, reiß dich zusammen; du musst, du musst«, so schwirrte es mir durch den Kopf.

Ich legte den Ball irgendwo auf den Punkt – wie in Trance. Ich lief an, ich schoss, ohne auf den Torwart zu blicken. Ich schaute dem Ball nach, sah ihn immer höher steigen. Wie eine Weltraumrakete von Cape Kennedy sauste er in Richtung Wolken. Unerreichbar. Da kam kein Torwart mehr ran, niemand konnte ihn halten, so hoch flog der. Nur im Tor war er nicht gelandet, dieser Ball.

Es wurde leer um mich. Ich stolperte zurück.

Spürte die tröstenden Arme, hörte mitleidige Worte, sah noch teilnahmslos zu, wie Panenka den Sepp Maier überlistete, tauschte mit irgendwem mein Trikot und fand Franz Beckenbauer recht originell: »Gott sei Dank hast du verschossen«, sagte er, »da brauch ich wenigstens nicht mehr schießen.« Es war wie im Film um mich herum. Ich ließ mich treiben – willenlos.

Ich war immer noch nicht richtig eingenickt. Ich sah aber immer wieder diesen Ball, der in den Himmel zu den Wolken stieg. Es dämmerte draußen schon. Bongartz war immer noch nicht da. Unten versammelte sich schon eine Traube von Journalisten. Die warteten auf mich, auf ihr Opfer. Ich ging runter, stelle mich aufs »Schafott«. Ich redete mir alles von der Seele.

Zu Hause lagen Telegramme von Franz Josef Strauß und von Helmut Kohl. Ich hatte aus meiner Sympathie zu ihnen nie ein Hehl gemacht. Jetzt sprachen sie mir Trost zu. Das sind Freunde.

Heute, Jahre danach, denke ich nur mehr selten an diesen 20. Juni 1976 von Belgrad.

Nur der Paul Breitner geht mir noch öfter damit auf den Geist. Der saß während des Endspiels gemütlich in Madrid vor dem Fernsehschirm und sagte: »So wie du angelaufen bist, wußte ich gleich, dass der drüber geht.«

Wenn ich heute von meinem Büro beim FC Bayern runtergehe, mittrainiere und zum Elfer antrete, dann kann der Paul gerne »Belgrad« sagen – ich treffe trotzdem ins Tor.

Herbert Heckmann

Der Ball war weg

Es war neunzehnhundertund… das waren noch Zeiten, als ich rechter Außenstürmer beim FSV Dingsda spielte, links konnte ich auch. Da hatten wir ein wichtiges Punktspiel in … der Ort ist heute nicht mehr wiederzuerkennen. Also rechts spielte ich – und geregnet hat es auch. Wir standen bis zu den Knöcheln im Wasser. Da hebt doch der, na, der hat später die Tochter vom Fritz geheiratet – also der hebt einen Ball vor das Tor, wie ein Osterei und mir direkt auf den Schlappen. Der Heiner war es. Natürlich! Und heute hat er's an der Leber. Jetzt pass auf! So eine Vorlage kriegst du höchstens einmal im Leben. Zehn Meter vor dem Tor. Mann, da hat's geklingelt! Das rechte oberste Eck, da gibt's nichts! Ich hatte damals ganz schön was dahinter. Wenn ich daran denke, juckt's mir in den Krampfadern, und was soll ich dir sagen, der Ball ist weg! Ehrlich! Der Ball ist weg! Der Schiedsrichter wollte nicht mehr leben. Der Tormann glotzte mich an, und der Fritz, ja, der Fritz war es, sagte immer wieder: »Das ist'n Ding!« Und läuft im Tor herum. Kein Ball! Die paar Zuschauer haben sich die Kehlen heiser geschrien – und ich stand im Wasser. Mann, das sind Gefühle. Der Schiedsrichter konnte kein Tor geben, denn ohne Ball, ist ja klar. Die haben mich vielleicht angeguckt, als hätt' ich was mit dem Ball angestellt. »Ihr spinnt ja!«, sagte ich. »Lasst mal die Luft ab!« Die machten doch tatsächlich mich verantwortlich. Ich war der Letzte, der den Ball hatte. Was man so alles gemacht haben soll! Es hätte nicht viel gefehlt, und sie hätten mir einen Spaten in die Hand gedrückt. Der Ball war weg. Ist ja schließlich keine Stecknadel. Ich war ganz schön durcheinander. Ein bombensicheres Tor – und kein Ball. So was schlägt aufs Gemüt.

Aber das Schlimmste kommt noch. Das ist immer so. Die hatten keinen anderen Ball. Das Spiel war gelaufen. Aus! Um ein Haar hätten sie mich gelyncht. Ich stocherte in den Pfützen rum. Ich gab mir richtig Mühe. Der Ball war weg. Und es regnete. Bei so einer Vorlage und direkt ins rechte obere Eck. Ich seh's noch heute. Und dann ist der Ball verschwunden. Komm mal erst über einen solchen Schock weg.

Noch mal dasselbe!

Irmgard Stoffels

Zöpfe stören nicht

Das Telefon klingelt. Zum zehnten Mal an diesem Abend. Und wieder dieselben Sprüche: »Toi, toi, toi für morgen, mach mir keine Schande, ich habe auf deinen Sieg gewettet.«

Diesmal war es Eberhard. Mein alter Freund Eberhard, der mir an einem lauschigen Abend vor jetzt fast sechs Jahren lapidar erklärte: »Du hast ja nicht alle Tassen im Schrank.« Das war an jenem Abend, als ich ihm eröffnete, dass ich einmal in meinem Leben Deutsche Meisterin werden wollte. Seitdem hat er tausendmal mit mir geschimpft, wenn ich lieber zum Training fuhr, als mit ihm auf eine Party zu gehen, hat mich tausendmal ausgelacht, wenn ich am Sonntagabend humpelnd nach Hause kam, hat angewidert meine zerschundenen Knie betrachtet, hat mir kalte Umschläge um dicke Knöchel gewickelt. Aber begriffen hat er es nie – warum es ausgerechnet Fußball sein musste, mit dem ich mir den größten Teil meiner Freizeit vertrieb.

Dabei war es doch so unlogisch gar nicht, immerhin wurde mein »Talent« im Kindergarten bereits entdeckt. Zwar wurde ich als kleines Mädchen – wie es sich nun mal gehört – von Omas und Tanten mit Puppen und Strickliesel eingedeckt, doch die landeten meist am Geburtstagsabend schon in einer Ecke. Bestimmt nicht deshalb, weil ich von Natur aus ein Rabauke war – eher, weil zwei Brüder sehr dominierend sein können: Bei Regen musste ich als »dritter Mann« mit ihnen Skat, bei Sonne eben Fußball spielen.

»Nicht an Fußball denken«, hat uns Trainerin Anne gestern nach dem letzten Training mit auf den Weg gegeben. Wir sollen uns vor dem großen Spiel nicht verrückt machen. Leicht gesagt. Morgen kann ein Traum wahr werden – der einzige, um den ich je wirklich gekämpft habe.

Warum eigentlich? Schade, dass ich nicht Psychologie studiert habe. Aber auch als Laie kann ich mir einiges zusammenreimen. Schon in der Schule brauchte ich den Sport – damals war es die Leichtathletik –, um zwei gravierende Mängel zu kompensieren: Ich war eine Brillenschlange und hatte in Latein eine Zwei! Grund genug, äußerst unbeliebt zu sein. Nur Erfolge im Sport konnten das wieder geradebiegen.

Pech, dass ich mich beim Hochsprung dumm anstellte und mir per Flop das Rückgrat anknackste. Folge: Leichtathletik-Verbot, stattdessen die ärztliche Empfehlung, Gymnastik zu treiben und viel zu schwimmen – zwei Sportarten, denen ich nun überhaupt nichts abgewinnen konnte.

Beim Schwimmen kam ich mir vor wie ein Maulwurf. Die Brille war entweder beschlagen oder mit Wassertropfen verhängt, für Kontaktlinsen fehlte mir, auch als Studentin noch, das Geld. Und Gymnastik? Unter den grazilen Gestalten mit schlanker Taille und anmutigen Bewegungen wirkte ich wie ein Trampel. Doch was kann man schon für sein breites Kreuz und die kräftigen Waden?!

Also tat ich gar nichts – bis ich zehn Pfund zu viel mit mir herumschleppte. Der Rücken dankte mir meine sportliche Enthaltsamkeit auch nicht, eine Radikalkur war angebracht. Zurück zur Leichtathletik? Aber Heide Rosendahl war zu gut, und – wie gesagt – ich träumte von einer Meisterschaft. Ich versuchte es mit Handball. Nach dem dritten Spiel lag ich mit einer Gehirnerschütterung im Krankenhaus. Seitdem fehlt mir das Verständnis für Leute, die Handball als Frauensport akzeptieren, vom Fußball aber behaupten, er sei zu hart!

Das Einschlafen fällt schwer. Nicht an Fußball denken? Wie denn? Ob meine Leute zu Hause genauso aufgeregt sind wie ich? Werner, der »kleine«

Bruder, bestimmt. Wenn ich auf Urlaub zu Hause bin, höre ich ihn nachts von seinen Toren träumen. Ob er weiß, dass er maßgeblich an meiner Fußball-»Karriere« beteiligt ist? Als er acht war, hat er mich immer zum Training der D-Jugend mitgeschleppt. Meine Zöpfe störten nicht – erst als die Oberweite das Fassungsvermögen der kleinen Jungs überstieg, zog ich mich – verlegen – zurück.

Der Kleine ist heute der Größte – in einer Kreisklassenmannschaft zwar, aber immerhin. Jeden Sonntag wird er im Dorf wie ein König gefeiert. Was werden die im Dorf erst sagen, wenn ich als Meisterin nach Hause komme?

Und meine Eltern? Meine Mutter hat es nie gestört, dass ich Fußball spiele. Sie wusch meine Trainingsklamotten genauso selbstverständlich wie die meines Bruders. Nur mein Vater sagte: »Man kann nicht alles haben im Leben, du musst dich entscheiden – entweder Fußball spielen oder rauchen!« Ich zünde mir im Bett noch eine Zigarette an: Ich hab mich nicht entscheiden können.

Samstagmorgen, Aufbruch nach Frankfurt. Eine Handvoll Fans – Brüder, Schwestern, Schulfreunde, Spielerinnen – verabschieden uns mit Transparenten wie bei den Großen: »Wir grüßen den kommenden Deutschen Meister Bergisch Gladbach.« Schon sitzt mir ein Kloß im Hals: Selten wird uns solch unbefangene, ungeteilte Sympathie entgegengebracht. Zum Teufel, warum eigentlich? Weil wir »Mannweiber« sind, wie immer behauptet wird? Ich sehe mich im Bus um. Okay, Loni ist nicht gerade ein Filigranpüppchen. Aber sie ist eine Frau mit zwei »typisch« weiblichen Talenten: dem Talent, einem die Sorgen wegzureden, und dem Talent, gegen alle Widerstände Mut zu beweisen – den Mut, einen erstklassigen Libero zu spielen.

Da ist Gaby, sie hat zwei Töchter. Ehemann Horst wird jeden auslachen, der seine Frau als Mannweib bezeichnet.

Da ist Brigitte, genannt »Flocke«, die Jüngste. Sie lebt mit Mutter und Schwester allein. Unser Verein ist für sie das Zuhause. Wer will ihr deshalb Vorwürfe machen? Hinter vorgehaltener Hand wird uns hämisch vorgehalten, wer Fußball spielt, kann nur lesbisch sein. Na und? Einige von uns sind es. Wahrscheinlich nicht mehr als bei Handball- und Tennisspielerinnen. Nur – bei uns wird offen darüber geredet. Jeder weiß, dass es in Männermannschaften auch Homosexuelle gibt. Warum auch nicht? Nur trauen sich die Jungs nicht, das zuzugeben.

Den Mädchen kann man nicht einmal vorwerfen, dass sie ihr »Emanzipationsgehabe« auf die

Spitze treiben. Die meisten kennen Emanzipation nur vom Hörensagen. Sie spielen Fußball, weil sie's können und weil es ihnen Spaß macht. Dass einige Männer sich berufen fühlen, Frauenfußball als »unästhetisch« einzustufen, stört sie nicht, und das muss es wohl auch nicht. Das werden die gleichen Männer sein, die einer Frau Komplimente wegen ihrer blauen (grünen, braunen) Augen oder ihrer zierlichen Nase machen. Das sind Männer, die von einer Frau nicht mehr als ein gekonntes Make-up oder einen gut einstudierten Party-Small-Talk verlangen. Erstrebenswert? Für uns bestimmt nicht.

Schluss mit den tiefsinnigen Gedanken. Gleich sind wir in Frankfurt. Die ersten Staus. Ob die alle zu uns wollen? Da, endlich der Parkplatz. Wir sind spät dran, schnell umziehen. Es regnet in Strömen. Die Umkleidekabine, in der wir uns die glückverheißende weiße Kluft überstreifen, ist zu klein, zu kalt, ungemütlich, die Stimmung gereizt. Trainerin Anne Trabant versucht, die aufkommenden Aggressionen zu kanalisieren: »Zankt euch nicht um die kleinsten Trikots. Denkt lieber dran, dass wir den Frankfurtern diesen Empfang auf dem Spielfeld heimzahlen wollen.« Das wirkt: Wir konzentrieren uns darauf, dass wir hierhergekommen sind, um zum ersten Mal in unserer siebenjährigen Vereinsgeschichte die Deutsche Meisterschaft im Damen-Fußball zu gewinnen. Geschlossen traben wir zum zweihundert Meter entfernten Sportplatz mit hängenden Köpfen. Wir sind enttäuscht, denn wir hatten etwas anderes erwartet – ein richtiges Stadion, Musik, Stimmung, Atmosphäre. Stattdessen ein mit Gänseblümchen übersäter Acker, Bier-und Würstchenbuden fast am Spielfeldrand, knapp tausend Zuschauer – das Ganze erinnert mich sehr an eine Dorfkirmes. Wir fühlen uns unter Wert verkauft. Und dann dieser Regen!

Ein paar Fans, die uns aus Bergisch Gladbach herbegleitet haben, muntern uns auf: »Ihr packt's schon!« Ein alter Mann, den keiner von uns kennt, ruft immer wieder: »Wenn ihr gewinnt, schenke ich euch ein Schwein.« Wir sind Amateure – echte –, über ein Schwein würden wir uns freuen.

Endlich der Anpfiff. Wir haben Mühe, mit dem glatten Boden und dem schweren Ball zurechtzukommen. Es ist kein gutes Spiel. Und dabei hatten wir uns vorgenommen, selbst wenn wir nicht gewinnen würden, wenigstens Werbung für unseren Sport zu betreiben – zumal das Fernsehen dabei ist. Doch heute bleibt die Technik auf der Strecke, Kunststückchen sind nicht drin, Kampf ist Trumpf, schade! Halbzeit, immer noch 0:0. Es gibt Tee mit Rum, die Trikots kleben uns am Leib, wir sehen alle aus wie nasse Katzen. Wasser auf die Mühlen der »Ästheten«. Keine Zeit für Eitelkeit, es geht weiter.

Ach, du liebe Zeit – Loni holt mit dem Kopf einen Ball von der Torlinie. Er fällt mir direkt vor die Füße. Bloß weg damit. Oha, dieser Pass wird lang und länger. Die kleine Ingrid schnappt sich den Ball dreißig Meter vor dem Frankfurter Tor, rennt, schießt eine Abwehrspielerin an, hat den Ball wieder, und jetzt – Tor, Tor, Tor!

Die nächsten fünfundzwanzig Minuten werden die längsten meines Lebens – das Staatsexamen war ein Kurzfilm dagegen. Die Beine wollen nicht mehr, alle paar Minuten ein fragender Blick zur Bank, wie lange noch? Die Frankfurterinnen scheinen immer stärker zu werden. Also laufen, kämpfen, nur nicht aufgeben, so kurz vor dem heißersehnten Ziel. Endlich der Schlusspfiff, alle liegen sich in den Armen – endlich Meister!

Und dann? Freude, Stolz, Triumph? Nein, nichts von alledem, nur das Gefühl: »Gott sei Dank, es ist vorbei!« In der Kabine gibt es schalen Sekt. Das Gefühl: »Ist das alles? Dafür hast du Zeit, Geld und Nerven geopfert? Sechs Jahre lang?« Die Enttäuschung war groß. Trotz der Ehrungen, die folgten. Zum Beispiel im Verein (der Präsident): »Der Name des Vereins hat neuen Glanz erhalten«, im

Rathaus (der Bürgermeister): »Der Name der Stadt hat neuen Glanz erhalten«, vom Deutschen Fußballbund (der Präsident): »Wir haben die Möglichkeit geschaffen, dass ihr diesen Tag erleben dürft.«

Der Traum von der Deutschen Meisterschaft, er war für mich identisch mit dem Traum von einem überschäumenden Glücksgefühl. In Zusammenhang mit dem Titelgewinn konnte von Glücksgefühl allerdings zu keinem Zeitpunkt die Rede sein.

Am nächsten Tag erklärte ich meinen »Rücktritt« aus der Meistermannschaft. Seitdem spiele ich Fußball um des Spielens willen, ohne Ambitionen auf irgendwelche Titel. Warum? Weil ich's kann, weil es mir Spaß macht und weil sich das heißersehnte Glücksgefühl jetzt bei jedem Spiel ganz von selbst einstellt.

Und außerdem: weil ich eine Frau bin, die sich ihre Art von Weiblichkeit weder von der *Brigitte* noch vom *Playboy* vorschreiben lässt …

Reinhard Waldenberger

David schlägt Goliath

21. Juni 1978, 19.23 Uhr – zu diesem Zeitpunkt waren die meisten Straßen und Gassen in Österreich menschenleer, genau zu diesem Zeitpunkt jubelten Millionen von Österreichern vor den Fernsehschirmen und Radiogeräten, genau 23 Minuten nach 19 Uhr knallten auch bei vielen rot-weiß-roten Fans die Sektkorken: Hans Krankl erzielte in dieser 88. Matchminute beim WM-Gruppenspiel gegen die Bundesrepublik Deutschland in Cordoba das 3:2. Nach 47 Jahren der erste Sieg gegen den »großen Nachbarn«.

Das »Tor, Tooor, Tooooor, Tooooor« und »I werd' narrisch«, schrie nicht nur der populäre Radioreporter Edi Finger via Äther nach Österreich, auch der kleine Mann und die Prominenz ließen auf diese und ähnliche Art Emotionen frei: vom Herrn Novotny bis zum Generaldirektor, von der Frau Maier bis in die Regierungsspitzen, vom fußballbegeisterten Enkel bis zum Opa, dem sonst eher zurückhaltenden Herrn Hofrat. Auch die

Pfarrer ließen es sich nicht nehmen, ihr »Vergelt's Gott« zum Himmel zu stoßen. Einige wollten sogar wissen, dass sich auch der österreichische UNO-Generalsekretär Dr. Kurt Waldheim zu einem Sonderapplaus habe hinreißen lassen. Ganz sicher triumphierte auch die Sportprominenz: von den Skitopstars Franz Klammer über Annemarie Moser-Pröll bis zu Skiflug-Weitenjäger Toni Innauer. Auch Ex-Formel-1-Weltmeister Niki Lauda vergaß für einige Minuten seine »Lauda-Air«.

In einem Wiener Heurigenlokal genehmigten sich die ehemaligen Wunderteamspieler Schramseis, Zischek, Adamek, Reisinger und Smistik ein Vierterl. Sie waren 1931 bei Österreichs 5:0 über Deutschland in Wien dabei gewesen. Neben dem Alkoholkonsum stieg auch der Nikotinverbrauch, nach dem Motto: »Jetzt hab'n ma uns aber an Zug am Zigaretterl verdient!«

Plötzlich fachsimpelten nicht nur die sogenannten Experten, sondern auch jene, denen das runde Leder gar nicht so viel bedeutete. Jetzt war jeder »in«, der einen Krankl, Prohaska, Koncilia, Jara oder Pezzey kannte, der wusste, dass Krankl nur mit dem linken »Pratzerl« schoss und der Prohaska wegen seiner Haarpracht nur »Schneckerl« gerufen wird.

Eine ganze Nation im Fußballfieber, im Siegesrausch. Das von Max Merkel angekündigte »Begräbnis« fand nicht statt. Keine Red' von einer »Leich'« – Österreich lebte, machte sich kräftig bemerkbar: »David schlägt Goliath«, »Lehrspiel gegen den Weltmeister«, »O Du mein Österreich, wir danken Dir« – so und ähnlich lauteten die Schlagzeilen in den heimischen Zeitungen.

In einem Lokal in Niederösterreich verlor ein Österreicher gegen seinen Freund eine Wette: Weil Deutschland nicht gewann, musste er splitternackt über eine belebte Straße laufen. Im oberösterreichischen Innviertel musste ein »Verlierer« unter dem Grenzschlagbaum nach Deutschland robben, im Zillertal beging ein deutscher Urlaubsgast Selbstmord, weil ihn die überschwenglichen Österreicher ununterbrochen »häckelten«.

Hektik brach in den Zeitungsredaktionen aus. Der unerwartete Sieg über den noch regierenden Fußballweltmeister Deutschland musste auf einmal noch größer »gespielt« werden. Der alte Bleisatz mit dem schon gesetzten Titel wanderte in den Korb, in noch größeren Lettern sollte die »Einserseite«, das Titelblatt, das Glanzstück der Zeitung, erscheinen. Die Chefredaktion erhöhte sofort die Auflage – der Österreicher, für den das »Mir habn gewonnen« entscheidend war, war im Siegestaumel.

Auch zwei Tage später, als die österreichische Nationalmannschaft nach fast dreißigstündiger Flugreise von Buenos Aires über Rio de Janeiro, Paris und Frankfurt in Wien-Schwechat ankam, war von einem Abflauen der momentanen Begeisterungswelle nichts zu merken: Tausende enthusiastisch feiernde Anhänger begrüßten mit Sprechchören und Jubelgesängen Krankl und Co.

Auf extra angefertigten T-Shirts prangten die Konterfeis der »Helden von Cordoba«, Krankl, Prohaska, Koncilia usw., auf einem Transparent war sogar zu lesen: »Himberg grüßt den BRD-Killer!«

Nur die Kurverwaltung von Velden am Wörthersee dürfte sich über den Sieg Österreichs über Deutschland nicht allzu sehr gefreut haben: Vor dem »Prestigematch« ersuchten die Kärntner in einem Fernschreiben nach Argentinien Senekowitsch und seine Mannen, das deutsche Fußballteam »fremdenverkehrsfreundlich« zu behandeln. Kärnten lebe nämlich von den deutschen Gästen, sie sollten nicht vergrämt werden …

Wiglaf Droste

Mein beinah schönstes Fußball-Länderspiel

Beinah, beinahe wär's das schönste Fußballspiel meines Lebens geworden, das Länder- und vor allem Weltmeisterschaftsqualifikationsspiel BRD (*so* heißt das und nicht: »Deutschland!«) gegen Wales am 5. November 1989.

Freund und Kollege Fritz Tietz hatte sich von Hamburg aus in die neo- und gesamtdeutsche Blähung Westberlin gewagt, gemeinsam hockten wir vorm aufgespannten Schirm, püttcherten eine Flasche Roten und ließen kommen, was da kam.

Manches galt es zu erdulden, namenlos geistlose Zeittotschläger-Interviews vorab, schier nicht enden wollendes »Na-gut« bzw. »Schaumermal«-Genichte, und als Dreingabe, als Megafolter obendrauf quasi, feistete silbrig-jovial Dieter Kürten, der ZDF- und CDU-eigene Bilderbuchradfahrer, aus dem Kasten. Immerhin, ich hatte ein paar Schnittchen vorbereitet, die schlangen Tietz und ich hinab; gemeinsam, irgendwie, standen wir es durch, richteten uns, Rücken an Rücken gleichsam, aneinander auf, als das Gesindel im Köln-Müngersdorfer Stadion kollektiv die Nationalhymne brüllte, westdeutsche Dummklumpen im (Wieder-)Verein mit exostzonalen Schafsnasen; ein prima Abbild der Großen Zeit & Zukunft, an der teilzuhaben verständigere Mitmenschen aber eher nicht gewillt sind.

An wurde gepfiffen, Kürten trumpfte auch gleich auf, »unsre« würden's schon »packen«, nutzte aber nichts, die Jungs aus Wales konnten nämlich Fußball spielen, und das westdeutsche Zwangserfolgsgekicke, das aussieht wie bei der Iduna-Versicherung ausgetüftelt, kriegte die verdiente Quittung. Zwar hob noch immer Kürten eifrig den Hetzertenor, aber jäh sackten ihm Stimme wie Sack in den Keller, als plötzlich ein Waliser Spieler – ich weiß nicht mal deinen Namen, doch unsterblich lieb' ich dich! – vorbei an Fliegenfänger Bodo Illgner, ein wie geträumtes Einsnull hinlegte.

Wie wir die Arme hochrissen, wie wir jauchzten vorm Gerät! Wie dann Kollege Tietz auf meiner Auslegeware in die Knie ging, Unterarme wie Fäuste nach oben reckend, als hocke er selbst »dort draußen auf dem grünen Rasen«, Auge in Auge mit seinen Fans, und wie ich's ihm gleichtat – oh, die reine, ungetrübte Freude war's!

Und dann: Kürten. Schwerbelegt, als sei der ganze Mann auf einen Schlag komplett nun vergreist, tatterte mürb das Stimmchen, beschwor die Nationale Katastrophe: nicht zur WM nach Italien fahren, nicht sich wichtigmachen dürfen! Sollte Udo Jürgens samt Nationalmannschaft umsonst eine Schallplatte vollgebrummelt haben? Und Dieter Kürtens Marktwert fallen? Keine Tombola-Moderationen bei Gigant-Supermärkten für zwanzig Mille cash mehr? Kürten, Angst im Mastdarm und kalten Schweiß auf den Stimmbändern, kämpfte. Statistiken zerrte er herbei, repetierte sie wie Rosenkränze, erklärte vorsichtshalber den Spieler Stefan Reuter, der beim Tor der Waliser nicht gut ausgesehen hatte, zur Niete der Nation und drückte und drückte: »Sie wollen alle, sie wollen alle.«

Dann fällt – Tietz und ich schweigen betreten – der Ausgleich, »hoch geht Augenthaler und flupp, ist er drin«, kriegt Kürten Oberwasser, »na, jetzt atmen wir erst mal wieder durch, gaaanz gaaanz wichtig, dieses Tor«.

Großkotzig, kaum dass er Morgenluft wittert, wird Kürten, fällt satt in seinen Anfangstonfall: »Ich bin gespannt, wie lange die Waliser das durchhalten.« Kuhauge Buchwald versetzt einem Gegenspieler, der ihm permanent die Hacken zeigt, in purer Hilflosigkeit einen Fausthieb an den Kopf,

»kann man pfeifen«, mopst Kürten sich gönnerhaft; später, als Buchwald für seine unausgesetzten Fouls »gelb« sieht, gesteht der TV-Kommentator immerhin: »Schön ist das nicht, zu unkontrolliert, zu schwerfällig« – kontrollierter, leichtfüßiger und nicht so blöde offensichtlich zuschlagen und -treten, meint Kürten wohl.

Anders allerdings sieht er die Attacken seiner ganz persönlichen Gegner. Bei jedem mittleren Tackling winselt er nach der Roten Karte für am besten gleich alle Waliser Spieler, den schönen Ausspruch ihres Trainers – »Ich will ein Spiel von Blut und Donner sehen« – kanzelt er schnöde als »negativ für den Fußball« ab und hechelt und eifert weiter, bis endlich, endlich *sein* Zweieins fällt und er weiß: Er darf nach Italien, er darf, er darf.

Tietz und ich ziehen die Mäntel an, schlagen die Kragen hoch, ein fester Händedruck mit den Augen, und dann geht es wieder hinaus, ins feindliche Leben, zu den an ihrem »Deutschland!« Besoffenen, ab in die Kneipe, Gegengift schlucken.

Aber eine gute Viertelstunde lang war's mein schönstes Fußball-Länderspiel: gegen die Nationalidioten wenigstens einmal Einsnull geführt.

Stefanie Fiebrig

Nummer sieben

Sein Trikot habe ich immer noch. Rot. Grüner Kragen. Vorne eine gelbe Sieben, drum herum ein Kreis. Na gut, »seins« ist übertrieben. Luís Figo hat dieses Trikot nie getragen. Ganz ehrlich, Luís Figo hätte dieses Trikot selbst dann nicht getragen, wenn die Alternative ein olles Feinrippunterhemd gewesen wäre. Es ist weniger als die Replika eines Nationalmannschaftstrikots. Weder trägt es das Wappen des portugiesischen Fußballverbandes noch das Logo mit dem Häkchen. Niemand will so etwas produziert haben. Nicht einmal »Made in China« steht auf dem Zettelchen, das immer so im Nacken kratzt. Ich hänge sehr daran.

Mein Figo-Trikot ist nicht das weinrote. Weinrote Fußballtrikots hat der Teufel gemacht. Meines ist das leuchtend rote von 2004. Die Europameisterschaft, die in Spanien und Portugal hätte stattfinden sollen und wegen fehlender spanischer Solidarität an Portugal allein vergeben wurde. Der portugiesische Fußball war nie wieder so groß.

Wer 2004 Ronaldo sagte, meinte selbstverständlich den dicken Brasilianer. Der war zu der Zeit kein bisschen dick und spielte mit den besten Fußballern der Welt von damals in Spanien. Raúl. Zidane. Beckham. Luís Figo. Natürlich das knallrote Trikot. Welches denn sonst?

Wenn ich mir Fußballtrikots ansehe, ist es, als würde ich ein Album betrachten. Ich habe an Bildern von Spielszenen meine eigenen Bilder festgetackert. 8. Juli 1990. Ich weiß exakt, was ich dachte, als Andreas Brehme diesen einen Elfmeter verwandelt hat. Luschenball. Nie geht der rein. Nie! Ich erinnere mich genau, obwohl ich es lieber nicht täte, welche Farbe unsere Wohnzimmercouch hatte. Ich saß auf Schwarzbraun-Kariert an dunkelgrünen Samtkissen, als Andreas Brehme den Elfmeter wider Erwarten verwandelte. Beige Stehlampe. Fransen. Ebenso werde ich immer wissen, mit welchem Gefühl ich Luís Figo und Zinédine Zidane zum letzten Mal gegeneinander habe spielen sehen. Am 5. Juli 2006. Wenn du jetzt still sitzen bleibst und nicht blinzelst, könnte es passieren, dass dich einen Wimpernschlag lang Geschichte streift. Es war ein mäßiges Spiel. Frankreich gewann. Den historischen Sekundenbruchteil gab es dennoch. Es war der, in dem Figo und Zidane ihre Trikots getauscht haben. Da standen zwei Männer, die einfach zusammen Feierabend machten. Der etwas kleinere, dunkle Portugiese. Der große, blasse Franzose. Ihre Zeit war vorbei. Das letzte große Ding. Unprätentiös wie Bauarbeiter. Ein erhabener, stiller Moment abseits der Fanmeilenhysterie.

Ich habe mit diesem Bild im Kopf einen Flug und einen Sprachkurs gebucht. Ich war jung, und ich hatte das Geld. Warum ich mich für die Verliererseite entschieden habe? Weil ich so bin. Kleines, tapferes Land, wo sie den Fußball so sehr lieben, dass sie mehrere täglich erscheinende Fußballzeitungen auflegen. Da steht nicht viel drin. Es ist, wie gesagt, ein kleines Land. Das wenige, das in diesen Zeitungen steht, ist allerdings reine Poesie. *Guarda-redes.* Der Wächter der Netze. Stadien, die »Licht« und »Drachen« genannt werden. Als hätte München Spielstätten, die »Löwenkäfig« oder »Stern des Südens« heißen. Das Land, aus dem ich komme, hat so hinreißende Landschaften wie die Uckermark und die Ostsee, aber keine glückliche Hand in Sachen Poesie. Ein Glücksgas-Stadion und eine Trolli-Arena. Fußball ist eine ernste Sache. Man stelle sich Handgreiflichkeiten im Regenbogenstadion an der Einhornstraße vor! Lass uns lieber schnell alles nach Banken und Versicherungen nennen.

Noch nie wurde in den portugiesischen Fußballzeitungen ein großer, internationaler Titel der Nationalmannschaft verkündet. Das Beste, was sie je wurde, ist Zweiter. Zweiter! Das ist wie »hat teilgenommen« auf dem Schulzeugnis. Zweiter ist weniger als nichts. Noch ein wenig Salz für Ihre Wunde, *Senhor*? Zweiter hinter Griechenland. Im eigenen Land. Portugals aktuell bester Mann, die Sieben nach der Sieben, Cristiano Ronaldo, muss seit Jahren von der unteren Stufe des Siegertreppchens zum kleinen Leo Messi aufschauen. So wie Figo immer hinter Zidane blieb. Zidane gut finden ist leicht. Portugiesischen Fußball mögen ist bis heute schwer. Wer Académica de Coimbra je spielen sah, weiß, was ich meine. Ich habe es probiert. Ein Fußballteam, das eine Fledermaus als Maskottchen hat. Warum nicht? Es war kein außergewöhnliches Spiel. Ligaalltag im Estádio Cidade de Coimbra. Weitläufig, gläsern und modern ist dieses Stadion. Ein Überrest jener Europameisterschaft in Portugal. Angeschlossen an eine Shoppingmall, mit Schwimmbad. Nicht riesig, aber doch zu groß für die *Briosa*, das Fußballteam im traditionellen Schwarz der Studenten. Das Spiel war nicht gut besucht. Wie konnte das sein, in einem Land, in dem es eigentlich nur zwei Sportarten gibt, von denen die eine Fußball in der Halle und die andere Fußball im Freien ist?

Ich war jung, hatte das Geld und ein Pensionszimmer in der Rua das Flores, in dem ich nie war. Meine Freundinnen wohnten wie viele andere Studenten in einer Wohnung ohne Heizung. Wenn es regnete, lief dort das Wasser durch den Kaminabzug auf die Kochstelle. Die blauen *Azulejos*, mit denen die Wände gekachelt waren, hatten Sprünge. Und blaue Blumen drauf. Wir fanden das romantisch. Außer, wenn wir froren. Am Kühlschrank hing ein Werbebildchen mit Kaffee und George Clooney drauf. Der Holztisch war uralt und die Waschmaschine die meiste Zeit kaputt. Schräg gegenüber gab es die Bäckerei Flor da Conchada, in der ich gelernt habe, »zum Mitnehmen« zu sagen. *Para levar.* Erdbeertörtchen für alle, und für Pedro etwas ohne Sahne. Ich konnte nicht verstehen, warum Pedro noch zu Hause wohnte. Genau wie Teresa, die ihr Zimmer nur für die Vorlesungsmonate anmietete, während der Ferien aber nicht. Ich wunderte mich über das leere Stadion, bestaunte die vollen Fußballkneipen. Meine Eintrittskarte für das Spiel in Coimbra kostete etwa zehn Mittagessen in der Kantine der Universität. Ich hätte draufkommen können.

Mein Figo-Trikot war ein Abschiedsgeschenk. Es erinnert mich an Eva, Maria und Christine. An Pedro, der keine Sahne mag. Es erinnert mich an

Coimbra, die kleine Universitätsstadt nahe der Küste, zwischen Lissabon und Porto. Coimbra kennt kein Mensch, außer, er ist zufällig Portugiese. Oder Kunsthistoriker. Ich trage die Nummer Sieben, gelb auf rotem Grund, mit einem grünen Kragen, zu jeder Welt- und Europameisterschaft mit portugiesischer Beteiligung, weil ich mich gerne erinnere. An Figo und Zidane. An Kopfsteinpflaster und Fliesen mit blauen Blumen. An Orangenbäume auf dem Weg zur Uni. »Iss die nicht, die schmecken bitter! Daraus kochen die Engländer Marmelade«, hieß es über ihre Früchte. Alles das gehört mit zu dem roten Trikot.

Ein weißes Trikot mit Adler und Sternen auf der Brust hatte ich nie. Dabei ist es das schönere. Es steht für erfolgreichen Fußball, bei den Männern wie bei den Frauen. Nicht nur regelmäßig die Qualifikation geschafft, auch fast immer die Gruppenphase überstanden. So viele gute Torhüter wie keine andere Nation. Und erst die Torhüterinnen! Das darf und soll gewürdigt werden. Meine Muttersprache ist Deutsch, und meine Vatersprache auch. »Aber für Deutschland biste nicht?«, ist eine Frage, die ich alle zwei Jahre überdenke.

Es ist nicht so, als wäre ich dagegen. Es ist auch nicht das Event an sich mit seinen Wimpelchen, Seitenspiegelüberziehern und Grillgarnituren. Ich mag Fußball trotzdem. Europameisterschaften, Weltmeisterschaften – immer her damit! Die Wimpelchen haben mir den Fußball bisher nicht verdorben. Nicht einmal Lothar Matthäus hat das geschafft, denn es gab immer auch einen Jürgen Klinsmann. Es ist eine gute Nationalmannschaft. Ach was, es sind zwei gute! Zwischen mir und den deutschen Gesandtschaften im internationalen Fußball steht regelmäßig dies: Es sind keine Unioner dabei. Ich bin ein Kind des Vereinsfußballs, aber weder in München noch in Dortmund groß geworden. Gerne sehe ich den deutschen Teams zu. Meine Begeisterung ist aufrichtig, so, wie ich der Einheit zu Pankow applaudiere, ihr Vorname ist »Fußball«.

Ich bleibe also bei der portugiesischen Nummer Sieben. Jedes Mal werde ich dafür ausgelacht. Ebenso häufig werde ich für die Existenz von Cristiano Ronaldo verantwortlich gemacht. Jeder hat so seine bittere Orange. Ich nehme das hin und noch ein Bier. *Mais uma, por favor!* – Noch eins, bitte! Ein wichtiger Satz in einer portugiesischen Fußballkneipe. Nach dem ersten Bier vielleicht sogar der wichtigste. Wesentlich mehr Portugiesisch habe ich nicht behalten. Luís Figo ist schuld daran, dass ich eine Universität in Portugal kenne und dieses an sich nicht sehr schöne Trikot trage. Aber es ist nicht Figos Trikot. Es ist meins geworden.

Günter Netzer

Ich hier oben, die da unten

Seit ein paar Jahren sitze ich nun unter einem Tribünendach, wenn Fußball gespielt wird. Ich hier oben, die da unten. Ein seltsames Gefühl. Nach wie vor. Ohnmacht, Ungeduld, Hoffnung, Ärger, Enttäuschung, Freude – das alles vermischt sich in dieser Tatenlosigkeit zu Nervosität und Spannung. Auf der Bank da unten, gleich neben dem Spielfeld, da würden mir der Trainer und die Ersatzspieler sicherlich Platz machen. Näher dabei sein, im trügerischen Glauben, dass da irgendetwas besser zu beeinflussen wäre. Könnte das helfen? Nein. Ich habe mir das geschworen: Mein Platz ist hier oben. Für alle Ewigkeit.

Wie lange die allerdings dauert, weiß ich nicht. Von Beruf Fußballspieler, von Beruf Fußball-Manager und irgendwann einmal Fußball-Rentner: Ist das ein Weg, den ich in meinem Leben gehen wollte? Wo sind die Ausbrüche, von denen du früher so oft geträumt hast? So frage ich mich oft, wenn ich aufhöre, Fußball zu spielen, dann erst wird mein Leben beginnen. Diesen Satz habe ich einmal gesagt – was für ein Irrtum!

Man sagt viel Unüberlegtes als junger Spieler. Vielleicht liegt das daran, dass es zwar viele Leute gibt, die wissen, welche Wirkung eine Flügelzange hat, aber verdammt wenige, die einem Profifußballer Ratschläge, Erfahrungen oder Lebensweisheiten vermitteln können, und wenn es jemand versucht, hört man nicht zu. Man glaubt, man könne ein ganzes Leben lang wie auf den Fußballstollen daherstelzen, immer ein bisschen höher als die andern.

Im Mittelpunkt stehen, mittendrin sein in einem vollen Stadion, umringt von Journalisten, begafft und bewundert von Fans, die jede Marotte dankbar und gläubig hinnehmen, morgens groß in der Zeitung stehen – dieses Leben ist irgendwann einmal vorbei. Und danach soll dann erst das richtige Leben anfangen?

Was da wirklich beginnt, ist der Alltag. Da sind nicht mehr deine Beine, sondern da ist plötzlich dein Kopf gefragt. Dass man damit mehr als nur den Ball in Richtung Tor befördern kann, wird für manch einen zur bitteren Erkenntnis. Aber die meisten Profis glauben rechtzeitig zu wissen, was sie vor solch bitteren Wahrheiten schützt: das Geld.

Das ist eine Hauptsache, muss eine Hauptsache sein, schließlich wird da einem zwanzigjährigen die Möglichkeit geboten, im harten Showgeschäft Fußball fürstlich honoriert zu werden. Aber natürlich gibt es auch Jungs, die da meinen, der Rest ihres Lebens würde nun aus der Vereinskasse vorfinanziert. Vertragsverhandlungen nennt man das dann, Verhandlungen, die zum Vabanquespiel werden können, und dies sowohl für die eine als auch für die andere Seite.

Ich erinnere mich in diesem Zusammenhang an Kevin Keegan. Kevin hatte, was man das »totale Sicherheitsbedürfnis« nennt. Sein Bestreben war, durch die Kunst des Fußballs die absolute wirtschaftliche Unabhängigkeit zu erlangen. Ganz sicher auch aus dem Denken heraus, nie mehr in die Anonymität zurückversetzt zu werden, aus der ihn der Fußball einst herausgeholt hatte. Aber wird er zu leben beginnen, wenn er mit dem Fußball Schluss macht? Nein, er wird schuften bis zu seinem letzten Tag.

Gelebt habe ich, als ich noch in Mönchengladbach, in Madrid oder dann in der Schweiz »aus der Tiefe des Raumes kam«, wie einer mal so schön schrieb. Ein verlorenes Spiel? Nun gut, da war einem nicht zum Lachen zumute, vielleicht quälte man sich noch eine ganze Nacht damit herum, aber dann, am nächsten Morgen, da war die Sache vergessen. Das nächste Spiel war ja das schwerste.

Und heute? Verlorene Spiele sind für mich als Manager nicht einfach dadurch aufgehoben, wenn das nächste gewonnen wird. Niederlagen können große Folgen haben. Ein Spieler verdrängt das Ausscheiden aus dem Europapokal mit dem darauffolgenden Sieg gegen Leverkusen. Dann stimmt sein Selbstbewusstsein wieder. Für mich, für den Verein, sind aber Millionen verlorengegangen, auf die wir gehofft hatten. Was war die Ursache, hast du die falschen Leute gekauft, stimmt mit dem Trainer etwas nicht, verbreitet jemand in der Mannschaft Unruhe, gibt es schädliche Einflüsse von außen? Das schmerzt dir im Kopf wie Nadelstiche, das quält dich, und du leidest – und dabei ist eigentlich nicht mehr passiert als dies: Ein Fußballspiel wurde verloren.

Verrückt bin ich nach diesem Spiel, seit ich denken kann. Aber um diese Leidenschaft auskosten zu können, hätte ich eigentlich gar keine Mitspieler gebraucht. Ich war als Kind ein Einzelgänger – auch am Ball. Da war so etwas wie Vertrautheit, die niemand stören durfte. Jemand schrieb einmal über mich, ich würde nicht mit meinen Kollegen spielen, sondern sie benützen. Vielleicht etwas Wahres. Da war ein sinnliches Verhältnis zu meinem Objekt, das bei jedem Fußtritt anders reagierte, das stets anders behandelt werden wollte. Das machte für mich die Faszination des Fußballspieles aus. Nie wird etwas in diesem Spiel eine Kopie von dem sein, was gerade geschehen ist. Jede Sekunde ist einmalig.

Vielleicht ist es diese Einmaligkeit, die mich nun auf meinem Tribünenplatz hält. Die Leidenschaft ist zwar etwas verflogen, aber die Zuneigung ist geblieben. Fußball spielen, oder Fußball managen, der Kopf schadet ja bei beidem nicht.

Hennes Weisweiler

Seelenfänger

Der gute Betreuer weiß um die seelische Einstellung jedes einzelnen Spielers zum Wettkampf. In diesem Punkt ist die praktische Erfahrung des Trainers aus eigener Wettkampfzeit sehr wertvoll, kann er sich doch so leichter in die seelische Verfassung seiner Schützlinge hineinversetzen. Es besteht eine gewaltige Kluft zwischen der gelösten Stimmung eines Trainingsspiels und der gespannten Atmosphäre eines Wettspiels vor zahlreichen Zuschauern. Der eine Spieler ist nervenstark und durch nichts zu beeindrucken, während bei einem feinnervigen oder auch sensiblen Mann oft der erste Zweikampf am Ball über seine Form in den neunzig Minuten entscheidet.

Hier muss der Trainer wirklich »Seelenfänger« sein, wie Altbundestrainer Herberger so treffend sagt. Deshalb kann ein Scherzwort vor dem Spiel in der Kabine für den Ausgang des Treffens wichtiger sein als ernste Ermahnungen. Der Trainer muss wirklich ein guter Psychologe sein. Sicher weiß er um die spielerischen Stärken und Schwächen seiner Schützlinge, viel wichtiger aber ist die Kenntnis der seelischen Bereitschaft jedes Einzelnen zum Wettkampf. Wer den Standpunkt vertritt, die körperliche Verfassung sei alles, braucht sich nicht zu wundern, wenn ihm die Praxis anscheinend immer neue Rätsel aufgibt. Die körperliche Eignung ist eine gewisse Voraussetzung. Der Durchbruch einer Mannschaft zu einer wirklich großen Leistung gelingt nur, wenn alle seelischen Kräfte geweckt werden.

Da hilft kein Feldwebelton! Behutsam und mit feiner Hand horcht der Trainer in jeden einzelnen Spieler hinein, um dann aus der Kenntnis seiner Mentalität ihn zu verstehen und anzusprechen. Hier nimmt er die Spannung, dort setzt er den Stachel zur Einsatzbereitschaft. Bei einem genügt ein Wort, scheinbar nebensächlich hingesprochen, um ihn anzuspornen, der andere muss Tage vor dem Spiel immer wieder angetrieben werden, und doch reicht das Feuer der Begeisterung vielleicht nur für eine Halbzeit. Einmal sind Hemmungen zu nehmen, das andere Mal warnt der Trainer vor Unterschätzung des Gegners.

Aus dem Wissen um das spielerische Können und die seelische Bereitschaft jedes einzelnen Spielers erwächst ihm die noch schwierigere Aufgabe, eine Mannschaft zu formen. Zwei erstklassige Fußballer ergeben noch lange keinen erstklassigen Flügel. Die Spieler müssen spielerisch und geistig harmonieren. Die Kampfkraft des Linksaußen bildet mit der Spielintelligenz des Halbstürmers erst die richtige Einheit. Auf der anderen Seite schwingen Spielwitz und Schnelligkeit zu einem abgestimmten Akkord. Elf Kämpfer wachsen ebenso wenig zu einer guten Mannschaft wie elf Techniker. Zwei spielmachende Außenläufer zerreißen genau wie zwei reine Zerstörer auf dieser Position die Bindung zwischen Angriff und Abwehr. Die gesunde Mischung ist Stärke und Einheit im Fußball wie auch sonst im Leben.

Diese Erkenntnisse sind die Antriebsfeder zum Erfolg. Trotzdem sollen die Spieler nicht zum Erfolg um jeden Preis, wie schon bemerkt, getrieben werden. Es ist gut, dass uns die Praxis natürliche Grenzen setzt. Dieses dem Sport so abträgliche Streben zum unbedingten Erfolg ist leider in unseren Tagen so bestimmend in unseren Vereinen.

Die Gewinn- und Verlustabrechnung eines Vereins ist abhängig vom Tabellenplatz der Ersten Mannschaft. Es ist schwer, sich gegen den reißenden Strom des Materialismus zu stellen, unter dem das Fußballspiel leidet. Die Betonung liegt allzu sehr auf Einsatz, Kampf, Draufgängertum und Zerstören, das Spiel selbst tritt leider in den Hintergrund.

Jakob Arjouni

Borussia im Himmel

Ich kritzelte meine Gladbacher Mannschaftsaufstellung für ein Spiel im Jenseits in den Kalender und langweilte mich mit Herrn Kunze.

Borussia im Himmel:

	Kleff	
	Hannes	
Vogts		Frontzeck
	Stielike	
Bonhof		Simonsen
	Netzer	
Heynckes	Jensen	Laumen

Herr Kunze war mein Vermieter. Durch den Hörer rechnete er mir vor, weshalb die Miete ab nächsten Monat erhöht werden müsste – um dreißig Prozent – und warum das Leben kein Zuckerschlecken sei. »Frau und Kinder«, stöhnte es aus der Muschel, und ich setzte Sieloff, Mill, Kamps und mich auf die Ersatzbank, Weisweiler auf eine Wolke.

Axel Hacke

Boninsegna? Ein Trauma?

Wie gesagt, ich habe den italienischen Fußball, aufs Ganze gesehen, nie gemocht, aber wer täte das nicht, von den Italienern mal abgesehen?

Italien steht im Fußball für gnadenlose Ergebnisorientierung, für den *Catenaccio* Helenio Herreras bei Inter Mailand, für dieses Fiese in Verteidigern wie Gentile und Materazzi, die Genies wie Maradona oder Zidane das Leben schwermachten. Eigentlich überhaupt für das Hässliche im Fußball. Nur selten haben sich die Italiener anders gezeigt, in einer Mannschaft wie der des SSC Neapel zum Beispiel in jenen Zeiten, als Maradona dort spielte (der aber Argentinier ist) – das war sozusagen eine unitalienische Mannschaft. Oder die Elf der Italiener bei der Europameisterschaft 2012, die Deutschland im Halbfinale aus dem Turnier warf und in welcher der immer so grandios melancholisch umwölkte Andrea Pirlo die Fäden zog, ein Mann, der die herrlichsten Pässe mit einer Aura spielte, als wollte er sagen: Na gut, dann spiele ich diesen Pass eben doch, wenn ihr es unbedingt wollt, aber was ändert es schon daran, dass die Welt schlecht ist und wir alle sterben müssen.

Ja, das war eine Mannschaft der Leidenschaft und des Hingegebenseins an den Fußball, die dann von der Effizienz der Spanier im Finale besiegt wurde.

Wahnsinn, was alles möglich ist im Fußball! Sogar, dass ich auf Seiten der Italiener stehe!

Wobei G., mein Freund, der aufgrund seiner Herkunft ein Anhänger der italienischen Nationalmannschaft im Allgemeinen und Juventus Turins im Besonderen ist, mir nach Auflistung aller Argumente gegen den Fußball Italiens schon vorgeworfen hat, es handele sich da um eine »frühkindlich begründete ausländerfeindliche Projektion«, außerdem litte ich an »einer posttraumatischen Belastungsstörung, verursacht durch die Boninsegna-Showeinlage«.

Boninsegna? Ein Trauma? Da könnte er recht haben! Roberto Boninsegna war Stürmer bei Inter Mailand, als die Mannschaft im Achtelfinale des Europacups der Landesmeister 1971 in Mönchengladbach spielte. In der 28. Minute wurde er von einer aus dem Publikum geworfenen Getränkebüchse getroffen, brach nach allen Regeln der

Kunst zusammen und wurde vom Platz getragen. Der Schiedsrichter, ein Holländer namens Dorpmans, ließ nach einer kurzen Unterbrechung weiterspielen. Inter kam komplett unter die Räder, Gladbach gewann 7:1, doch der Europäische Fußballverband annullierte das Spiel später wegen des Büchsenwurfs. Im Wiederholungsspiel kam es nur zu einem 0:0, und ausgerechnet Boninsegna brach in ausgerechnet dieser Begegnung dem Gladbacher Luggi Müller bei einem Foul in der 89. Minute das Bein. Weil Mailand sein Heimspiel 4:2 gewonnen hatte, gelangte die Mannschaft ins Viertelfinale, später sogar ins Finale, das sie aber gegen Ajax Amsterdam verlor.

Auch dieses Büchsenwurf-Spiel gehört zu den großen, mythischen deutsch-italienischen Ereignissen, und Boninsegnas Verhalten begründete den legendären und so oft neu untermauerten Ruf italienischer Spieler als Schauspieler. (Tatsächlich spielte er sogar später in *Keiner haut wie Don Camillo* unter der Regie von Terence Hill eine Rolle als Kicker.) Jef Dorpmans, der Schiedsrichter, sagte noch vierzig Jahre nach dem Büchsenwurf in einem Interview: »Ich bin immer noch davon überzeugt: Boninsegna hat die Bewusstlosigkeit nur gespielt, eine reife schauspielerische Leistung. Die Dose war offen und nicht mehr voll. Nach einem Wurf von zwanzig bis dreißig Metern kann sie nicht solch eine schlimme Wirkung gehabt haben.«

Ich war fünfzehn damals. Natürlich war dieses Spiel ein Trauma für alle deutschen Fußballfreunde: dass die bis heute legendären Gladbacher des ebenfalls bis heute legendären Trainers Hennes Weisweiler mit Heynckes, Vogts, Bonhof, Wimmer, Netzer auf dem Platz unter solchen Umständen ausschieden: entsetzlich. Es kann einen, was den Fußball angeht (da hat G. recht) fürs Leben prägen.

Ausländerfeindliche Projektion? Dieses ewige Gerede vom *Catenaccio*, sagt G. Er könne es nicht mehr hören, das sei ewig her, Helenio Herrera sei nicht einmal Italiener gewesen, sondern in Argentinien geborener Sohn spanischer Anarchisten, später wurde er Franzose. Und in Deutschland würden Verteidiger, die reine Zerstörer und nichts sonst gewesen seien, bis heute als Helden gefeiert, Materazzi hingegen sei wenigstens noch torgefährlich gewesen. Und wo stünde, fragt er weiter, der Weltfußball ohne die große taktische Schule des italienischen Fußballs? Ohne die wunderbaren italienischen Trainer wie einst Sacchi oder dann Trapattoni und heute Prandelli, den Nationalcoach? Ohne Mancini, Capello, Di Matteo, die doch den englischen Fußball zu Beginn dieses Jahrtausends erst wieder groß gemacht hätten?

Ja, eben, sage ich dann, sie haben den Engländern das Verteidigen wieder beigebracht, die Defensive war die Schwäche der Vereine von der Insel, das haben die Italiener sie wieder gelehrt, Verteidigen, Verteidigen, Verteidigen.

So wird diese Debatte weitergehen, immer oder jedenfalls noch sehr lange, hoffentlich.

Benedict Wells

Wie ich für einen Tag Dortmundfan wurde

Die Südtribüne, ein Mythos. 25 000 Fans, nur Stehplätze. Hier pumpt das schwarz-gelbe Herz von Borussia Dortmund. Bei diesem Anblick kommt mir ein Zitat von Hornby in den Sinn: »Ich verliebte mich in den Fußball, wie ich mich später in Frauen verlieben sollte: plötzlich, unerklärlich, unkritisch und ohne einen Gedanken an den Schmerz und die Zerrissenheit zu verschwenden, die damit verbunden sein würden.« Denn wie in der Liebe gibt es auch beim Fußball ein wehmütiges »Was wäre, wenn …« Diese eine besondere Beziehung, die sich nie verwirklicht hat. Wie meine zum BVB.

Ich war zehn Jahre alt, als mich nach der WM in den USA das Fußballfieber überkam. Nun brauchte ich nur noch einen Verein. Nach dem ersten Spieltag der Bundesligasaison 1994/95 schien die Wahl klar: Dortmund. Gerade hatte das Team um Möller, Sammer und Chapuisat 1860 München mit 4:0 abgefertigt. Wie konnte ich da nicht Fan werden? Antwort: weil mein bester Freund bereits BVB-Fan war und etwas dagegen hatte. Da ich gebürtiger Münchner bin, war er der Ansicht, dass ich Bayern-Fan sein müsse. »Vergiss es«, sagte ich immer wieder. Doch dann kam der zweite Spieltag, und Bayern verlor mit 1:5 gegen Freiburg. Und irgendwie lag ein Zauber in dieser lächerlich hohen Niederlage. Als die Spieler gedemütigt vom Platz schlichen, bekam ich Mitleid; es war plötzlich »meine« Mannschaft, »meine« Niederlage. In diesem Moment wurde ich zum Bayern-Fan, in einer Saison, in der wir am Ende Sechster wurden und Dortmund Meister. Eine Entscheidung fürs Leben. Denn man kann den Beruf wechseln, die Partnerin, den Wohnort, sogar den Glauben. Aber nicht den Verein.

Als die Einlaufmusik ertönt, recken die Fans ihre Schals in die Höhe und schwenken ihre schwarzgelben Fahnen. Ich denke an meine unbändige Freude nach Robbens Tor gegen den BVB im Champions-League-Finale und fühle mich wie ein Eindringling. Und da beschließe ich ein Experiment. Für ein Spiel bin ich wieder zehn Jahre alt und entscheide mich für Dortmund. Für ein Spiel gehe ich fremd und gebe der unerfüllten Liebe eine zweite Chance.

Mein Start als BVB-Fan ist denkbar beschissen. Schon nach neun Sekunden hat Bayer Leverkusen gegen mein neues Team getroffen. Bundesligarekord. Ich bemühe mich, wütend zu sein, fühle aber nichts, höchstens Erstaunen. Denn auch in den nächsten Minuten spielt Leverkusen überraschend mutig und attackiert früh. Es ist, als würden zwei riesige rote Hände die Dortmunder Abwehr packen und durchschütteln.

In der Halbzeit fachsimpeln zwei ältere Frauen vor mir über das Spiel, ich selbst gehe meine mögliche Vergangenheit als BVB-Fan durch. Wären dann nicht Scholl und Deisler, sondern Dedé und Rosický meine Lieblingsspieler gewesen? Hätte ich statt nach der Niederlage gegen ManU nach der Niederlage gegen Rotterdam geweint? Und vor allem: Hätte ich Bayern gehasst? Ganz bestimmt.

Nach dem Wechsel will Dortmund, das sieht man. Das Team spielt schon seit Jahren taktisch komplex, und dennoch wirkt das Spiel auf den Zuschauer so wunderbar ehrlich und einfach. Jürgen Klopp ist als Trainer wie der Mathelehrer, den man gern gehabt hätte und der offenbar selbst schwierigste Formeln so erklären kann, dass sie auch der größte Laie versteht.

Heja, BVB! Die Südtribüne hüpft geschlossen. Sie hält eine wilde Messe ab, singend, klatschend, pfeifend, jubelnd, und auf einmal schwappt etwas von dieser kollektiven Begeisterung auch auf mich über. Ich feuere plötzlich lautstark an, schimpfe auf den Schiedsrichter oder ärgere mich über leichtfertige Ballverluste. In meinem einzigen Spiel als BVB-Fan soll endlich der verdammte Ausgleich fallen. Wenigstens ein Tor, einmal jubeln. Stattdessen schießt Leverkusen in der letzten Minute das 0:2. Danach folgt Leere. Meiner Dortmunder Affäre und mir war an diesem Abend kein Glück beschieden, doch auf dem Rückweg nach München habe ich noch immer die Bilder der Gelben Wand im Kopf. Es gibt Stadien, in denen wird das Spiel beobachtet. In Dortmund dagegen wird es gelebt. Das muss ich zugeben, auch als Bayern-Fan.

Helmut Krausser

Der Hass auf den FC Bayern

Hass gehört nicht ins Stadion.
Die Leute sollen ihre Emotionen zu Hause in den Wohnzimmern mit ihren Frauen ausleben.
Berti Vogts

Der Hass auf den FC Bayern hat sich im Lauf der Jahrzehnte zu einer blühenden Subkultur der Bigotterie entwickelt. Denn irgendwie muss man den Hass auf einen so erfolgreichen und vorbildhaften Verein ja auch begründen. Was in Zeiten des Internets, da Fakten jederzeit und für jedermann schnell erreichbar sind, immer schwerer wird. Wie oft habe ich, in Zügen, U-Bahnen, Fankurven, Gasthäusern oder sonst wo eine Diskussion gehört, die mit dem Satz begann: »Hör mal, um das klarzustellen: ICH HASSE BAYERN, aber: ...« Und dann kommt das jeweilige Eingeständnis, welch großartigen Fußball die Mannschaft (zumindest in der laufenden Saison) spielt. Welch fähiges Management dahintersteckt, das unbedingt nachgeahmt werden müsste, welch vorbildhaft empathische Spielerbetreuung, welch herausragende medizinische Versorgung den Verein auszeichnet – und die Allianz Arena sei sowieso eines der tollsten Stadien. Etc.

Als Höhepunkt der Hasskultur darf man wohl das Lied der »Toten Hosen« bezeichnen: *Ich würde nie zum FC Bayern München gehn.* Es war die wohl schwärzeste Stunde einer ansonsten tadellosen Band. Heute tut sie so, als enthalte das Lied viel Humor, aber bei Hassgesängen hört der Spaß auf. Und es war Hassgesang mit Kalkül. Die »Hosen« wussten genau, welch niederen Instinkt sie bedienten – und wie viele Tantiemen sie damit einfahren würden. Hätten sie den Erlös aus diesem grässlichen Lied wenigstens den Opfern von Hooligan-Gewalt gespendet. Aber davon ist mir nichts bekannt. Den Kommentar von Uli Hoeneß, das sei »der Dreck, an dem unsere Gesellschaft mal ersticken wird«, sehe ich dennoch als nicht sehr souveräne Überreaktion. Dergleichen muss man erst mal ignorieren. Und kopfschüttelnd ertragen. Und muss es vielleicht nach so vielen Jahren mit ebendem Humor nehmen, der angeblich drinstecken soll.

Man muss zugeben, dass der Sänger der »Toten Hosen«, Campino, einen erstaunlichen Reifungsprozess durchlaufen hat. In einem langen Interview (mit der *Süddeutschen Zeitung)* gab er zu, dass der Hass auf den FCB, wenn es um die Fakten geht, auf sehr dünnem Eis daherkommt. Ich zitiere das lieber wortwörtlich:

SZ:

Das erstaunt uns jetzt. Vor Jahren haben Sie über die Bayern noch gesungen: »Was für Eltern muss man haben, um so verdorben zu sein, einen Vertrag zu unterschreiben bei diesem Scheißverein.«

Campino:

Ich erzähle Ihnen jetzt etwas, was mir schwerfällt und ich vielleicht bereuen werde. Man kann mit Bayern München nur ordentlich als Feind umgehen, wenn man unsachlich bleibt. Sobald man sich an Fakten hält, wird es schwierig. Zu Zeiten der Nazis etwa hat der FC Bayern vielleicht die beste Rolle aller deutschen Fußballklubs gespielt. Hier wurden jüdische Mitglieder noch geschützt, als sie woanders längst ausgeschlossen waren. Außerdem weiß ich von Didi Hamann und Markus Babbel, wie ernst Uli Hoeneß seine soziale Verantwortung den Spielern gegenüber nimmt.

Derlei Ein- und Zugeständnisse finde ich weltmännisch und bewundernswert. Auch wenn mir eine gute und hemmungslose Feindschaft ehrlich viel lieber ist als drei strategisch gedachte, gequälthalbherzige Freundschaften. 2013 beim Konzert in München haben die »Hosen« den Song gespielt, etlichen Buhrufen zum Trotz. Originalton Campino: »In dieser Stadt wollten wir uns nicht nachsagen lassen, dass wir nicht den Mumm dazu haben.« Meine Güte. Welch todesverachtende Tapferkeit im Angesicht des Feindes. Und bei dieser zahlenmäßigen Unterlegenheit: fünf »Tote Hosen« gegen zigtausend Münchner.

Mir fällt noch ein anderes quasimusikalisches Produkt ein: *Bayern hat verloren.* Es ist so erbärmlich bis peinlich, dass es nur noch selten gespielt wird und hier ursprünglich nur eine kurze Erwähnung finden sollte. Aber damit man mich nicht falsch versteht, hier ein Textauszug aus dem blöden Liedchen, das von »Norbert und den Feiglingen« stammt.

Oh – Freudentaumel zieht durchs Land
von Nürnberg bis zur Waterkant
alle singen Hand in Hand:
Bayern hat verloren
Links und rechts und zick und zack
das Münchner Schickeriapack
kriegt endlich wieder aufn Sack
Bayern hat verloren

Ganz besonders schön ist:
Das Gesicht von Uli Hoeneß
Ich denk mir verdrossen:
Na, wer hat ihn denn verschossen?
'76 vergessen wir nie

Mit der ersten Strophe habe ich keine Probleme, das gehört dazu. Aber dann: Wie wohl beinahe jeder weiß, hat 1976 im Endspiel der Europameisterschaft Uli Hoeneß im Elfmeterschießen gegen die Tschechoslowakei den Ball über die Latte in den Himmel gejagt. Was genau hat das mit dem FC Bayern zu tun, und wie mies muss man drauf sein, einem einzelnen Menschen, der als Spieler so viel für Deutschland getan hat, ein Versagen von vor vierzig Jahren vorzuwerfen, unter dem er wahrscheinlich mehr gelitten hat als sonst wer? Diese Form von charakterlicher Ekelhaftigkeit ist es eben, die einen ansonsten ganz netten Song ins Unerträgliche abgleiten lässt. Punkt.

Man darf sich über gegnerische Vereine lustig machen, darf sie auch mit Spott und Häme überziehen, und nichts fand ich im letzten Jahr peinlicher als das völlig überzogene Entsetzen vieler Alle-vier-Jahre-Fans nach dem Gauchotanz der deutschen Weltmeistermannschaft am Brandenburger Tor. Man habe, so beschwerten sich manche, den unterlegenen Finalgegner »gedemütigt« und sich selbst in einer »faschistoiden« Weise gefeiert. Was für ein Quatsch. Zu diesem Sport gehören nun einmal Verhöhnung und Angeberei und verbales Siegesposing. Manchmal wirkt das plump und platt, manchmal ist es grenzwertig oder witzig. Richtig charmant kann es werden, wenn das Bashing des Gegners auch noch einen Schuss Selbstironie enthält. Wunderbar und intelligent ist zum Beispiel das Wort, das St. Pauli – nachdem es gegen den FC Bayern ein Freundschaftsspiel mit 1:0 gewann – auf T-Shirts und Trikots drucken ließ: WELTPOKALSIEGERBESIEGER.

Das hat zur Schau getragenes Selbstbewusstsein, aber eben auch Klasse, weil es dem Gegner Respekt erweist und indirekt doch zugibt, welche Welten zwischen den beiden Vereinen liegen.

Wenn man in gegnerischen Stadien zur allseits beliebten Melodie von *Guantanamera* jedoch das immer gleiche »Scheiß FC Bayern!« zu hören bekommt und die schon erwähnte Erotikhymne *Zieht den Bayern die Lederhosen aus*, würde man den Feinden wirklich etwas mehr Einfallsreichtum wünschen, schon um der schlichten Abwechslung willen.

Benjamin Henrichs

Hundert Jahre sollst du leben!

Es war ein großer Tag. Ein großes Spiel war es nicht. Es passierte ja nur das Selbstverständliche: der Zweite der Tabelle besiegte den Zwölften, der Hamburger Sportverein, Kandidat für die Meisterschaft, schoss drei Tore, der Karlsruher Sportclub, Kandidat für den Abstieg, nur eins. Es war ein trüber Nachmittag: Ein kalter Wind aus Nordnordost trieb schwarzgraue Wolken und einen dünnen, nassen Schnee vor sich her – Hamburg im Herbst.

Als ich das Volksparkstadion erreiche, ist es 14.30 Uhr, eine Stunde vor Spielbeginn. Im riesigen Rund ein paar tausend Zuschauer, frierend, nur schwach getröstet von einem kargen Unterhaltungsprogramm: Auf der nassen Aschenbahn fahren Kinder mit winzigen Autos und Motorrädern knatternd ihre Runden. Keine Erregung im Stadion, kein Fußballfieber, kein Fanatismus, keine Sprechchöre; als stünde ein ganz normaler, kalter Fußballnachmittag bevor und nicht ein historisches Ereignis.

Um 15.02 Uhr betritt Franz Beckenbauer, gemessenen Schrittes, vom Publikum kaum bemerkt, die Arena – einer der vielen Männer im blauen Trainingsanzug, die sich jetzt warmlaufen, einschießen, ein bisschen Gymnastik machen. Um 15.21 Uhr ist dies Vorspiel beendet, die Mannschaften gehen wieder in die Kabinen, das Stadion ist nun zu zwei Dritteln gefüllt, die Stimmung noch immer hanseatisch gemäßigt.

Jetzt hält der Herr Vereinspräsident eine Rede: Er wird Franz Beckenbauer feierlich begrüßen, denke ich. Kein Wort davon: Wolfgang Klein entschuldigt sich bei den Zuschauern für das Debakel vom vergangenen Mittwoch, für die 0:5-Heimniederlage des HSV gegen St. Etienne, sagt in ruhigem, unsentimentalem Ton: »Gerade jetzt brauchen wir Sie!«

Um 15.26 Uhr laufen die beiden Mannschaften ein. Beckenbauer in sehr diskreter Position, zwischen den Herren Hartwig und Reimann. Beim volkstümlichen Brauch, Plastikbälle ins Publikum zu schießen, versagt nur einer – Beckenbauer. Nur zwanzig Meter von mir entfernt holt er aus – wenn er nun den Ball zu mir heraufschösse, welch ein Glück, welch eine Pointe! Doch Beckenbauer schießt den Ball nicht zu mir, er schießt den Ball an den Drahtzaun.

Um 15.29 Uhr hat das Spiel begonnen, fünf Sekunden später ist Beckenbauer zum ersten Mal am Ball, um 15.40 Uhr fällt das erste Tor – für den Karlsruher SC. Früher hat Franz Beckenbauer in solchen Situationen seine Kollegen in der Abwehr angebrüllt. Heute geht er gelassen hin – und holt selber den Ball aus dem Tor.

1964 habe ich Franz Beckenbauer zum ersten Mal (von über hundert Mal!) gesehen. Er spielte, ein Knabe noch, linksaußen. Sein Verein, der FC Bayern München, bemühte sich damals zunächst vergeblich um den Aufstieg in die Fußball-Bundesliga. Er war, das sah man gleich bei seinem ersten Auftritt, ein außergewöhnlicher Fußballer – ein Idol war er noch lange nicht. Wie aus dem Knaben Franz »der Kaiser« wurde: Das kann nur verstehen, wer sich (Mut zur Vergangenheit) tief in die bayerische Geschichte versenkt.

In München nämlich regierten damals andere, liebten wir damals andere: die Fußballer vom Lokalrivalen TSV 1860, genannt »die Löwen«. Sie spielten in der Ersten Liga, Beckenbauers »Bayern« in der Zweiten. Da gab es den blonden Halbstürmer Hennes Küppers, einen Spieler so sensibel wie Günter Netzer, nur noch viel verletzlicher – er gab die unbegreiflichsten Traumvorlagen und schlug die unverständlichsten Fehlpässe, alle liebten, alle hassten wir ihn. Da war Rudi Brunnenmeier aus

Olching, ein aggressiver, wuchtiger, leidenschaftlicher Mann, der noch als Nationalspieler an einen Dorffußballer erinnerte; da waren der winzige, wuselige Jugoslawe Perušić und der hünenhafte Luttrop, den sie »Atom-Otto« nannten.

Und über diese wunderbare, herzbewegende Mannschaft regierte ein genialer Gastarbeiter: Petar Radenković aus Jugoslawien. Er war der König des Münchner Fußballs, und er nannte sich auch »König«. Er war Torwart und viel mehr als das: Dirigent seiner Abwehr, Entertainer, Dribbelkünstler, Provokateur – manchmal stürmte er bis in den gegnerischen Strafraum. Als Franz Beckenbauer anfing, war König Radi auf dem Gipfelpunkt seiner Macht. Und weil es nicht zwei Könige geben kann in einer Stadt, musste Franz Beckenbauer eben »der Kaiser« werden.

Der Aufstieg Beckenbauers und der »Bayern«, der langsame Zerfall der Löwen-Mannschaft, der lange Abschied von Radenković: Das ist, ihr Herren in Hamburg, beileibe keine Münchner Lokalaffäre, sondern ein Gleichnis für den ganzen zeitgenössischen Fußball.

Die alternden Löwen spielten einen romantischen Fußball: risikoreich, kräftezehrend, von einem leidenschaftlichen Publikum zu leidenschaftlichen Attacken angetrieben. Die aufsteigenden jungen Bayern spielten schon den sogenannten modernen Fußball: taktisch, kalkulierend, perfektionistisch. Im engen, hässlichen Stadion an der Grünwalderstraße in Giesing ging die Nachkriegszeit, der Nachkriegsfußball zu Ende – auch auf dem Sportplatz regierte jetzt die Angestelltenkultur, und Franz Beckenbauer wurde ihr perfektester, ihr kreativster Repräsentant.

Er war von Linksaußen ins Mittelfeld gerückt und hatte dann bald seinen Stammplatz gefunden: als letzter Mann der Abwehr, den man damals noch gutdeutsch »Mittelläufer« oder »Ausputzer« nannte. So wie Radenković die Rolle des Torwarts revolutioniert hatte, so veränderte nun Beckenbauer die des Mittelläufers, den man dann bald neudeutsch »Libero« nannte.

Bei Beckenbauer hörten die Angriffe der Gegner auf, fingen die eigenen Angriffe an – der letzte Mann war der erste Aufbauspieler. Und Beckenbauer stürmte nach vorn, gab Vorlagen, schoss Freistöße, schoss Tore. Er spielte eine Doppelrolle (angreifender Abwehrspieler) und schien trotzdem nur halb so viel Kraft zu verbrauchen wie seine schwitzenden Mitspieler. Denn Franz Beckenbauer tat nie einen Schritt zu viel: Nie rannte er einem verlorenen Ball nach, nie riskierte er einen unnützen Zweikampf.

Alles, was er tat, war zweckmäßig – so wurde er das Symbol der neuen Fußballära. Aber alles, was er tat, war auch schön, hatte Leichtigkeit und Grazie – so wurde er gleichzeitig die große Ausnahme in seiner Epoche. Er hatte das deutsche Erfolgsbewusstsein und, Ludwig Harig hat es so genannt, die »lateinische Spielweise«. Dass Genie und Wahnsinn verbrüdert sind, dies Vorurteil setzte Beckenbauer außer Kraft, er war ein Genie der Sachlichkeit, der praktischen Vernunft, er konnte, fußballspielend, mit den Füßen denken.

Vorbei die Giesinger Tage. Vorbei auch das Exil in Amerika. Franz Beckenbauers Hamburger Premiere lässt einem Zeit für ausschweifende Erinnerungen. Die Hamburger haben das Karlsruher Führungstor noch in derselben Minute ausgeglichen – zwanzig Minuten später bringt ein Hamburger Klassiker (Freistoß Kaltz, Kopfball Hrubesch) die Führung. Es ist ein einigermaßen unterhaltsames, kaum mehr als mittelmäßiges Fußballspiel, an dem sich Beckenbauer, wie es ihm gebührt, nur gelegentlich beteiligt. In der ersten Halbzeit ist das Kaiserreich, über das er regiert, klein und rund: Im Anstoßkreis, weit weg meist von den eigentlichen Ereignissen, zieht er gemächlich seine Bahn.

Ist der Kaiser alt geworden? Nein, er ist ganz der Alte geblieben. Wenn er am Ball ist, tut er das

Vernünftige und tut es in Schönheit – locker, unfehlbar genau schlägt er seine Pässe, einmal über fünfzig Meter, hinaus auf den linken Flügel, das Publikum ist ergriffen. So, das Spiel durchschauend, das Spielfeld wie vom Feldherrnhügel überblickend, hat er immer regiert: ein sehender, sich umsehender, strategischer Spieler.

Ein Abwehrkämpfer im strengeren Sinn war er nie. Das Karlsruher Führungstor ist dafür ein gutes Beispiel: Beckenbauer, der vor dem Angriff zurückweicht, der nie auf den Gedanken käme, sich einem Angriff heroisch entgegenzuwerfen. Dafür sind andere zuständig. Und weil sich »dafür« in Hamburg im Augenblick noch niemand recht zuständig fühlt, schießen die braven Karlsruher plötzlich ein Tor; gerät die Hamburger Abwehr auch später, bei den keineswegs kühnen Karlsruher Attacken, immer wieder in Verlegenheit.

Nie habe ich ein grobes Foul von Beckenbauer gesehen, fast nie eines gegen ihn. Die Bundesliga wurde von Jahr zu Jahr brutaler – Franz Beckenbauer hat sich da rausgehalten. Seine Kaiserrolle bei FC Bayern und in der Nationalmannschaft konnte er freilich nur zelebrieren, weil er einen perfekten, ihm besinnungslos ergebenen Leibwächter und Sklaven gefunden hatte, den Fußballer Hans-Georg Schwarzenbeck.

Der war schon äußerlich der absolute Antityp: Während Beckenbauers gepflegte Erscheinung jedem Herrenmagazin Ehre gemacht hätte, sah Schwarzenbeck wie einer aus dem Heimat- oder Horrorfilm aus: krummbeinig, grobknochig, ein rauher Geselle mit riesiger Nase. Wehe, wenn Schwarzenbeck kam – der hielt von seinem Kaiser, den er abgöttisch verehrte (»der Franz, der ist begnadet«, sagte er), die Dreckarbeit fern – er warf sich den Stürmern entgegen, und wenn es gar nicht anders ging, dann säbelte er sie auch um. Nur wer an diesem gutherzig-furchterregenden Gesellen vorbeigekommen war, hatte die Ehre eines Duells mit Beckenbauer.

So blieb Beckenbauer jung, sein Beruf hat ihn nicht aufgebraucht. Ob er auch in Hamburg jung bleiben wird, und wie lange, das hängt davon ab, ob er in dieser hochbesetzten, hochmütigen Mannschaft jene findet, die Schwarzenbecks Arbeit für ihn verrichten.

Auch in seiner anderen, der offensiven Rolle wird Beckenbauer Schwierigkeiten haben. Er hat gegen den KSC kein einziges Mal aufs Tor geschossen, ist kein einziges Mal in den gegnerischen Strafraum vorgedrungen. Das hat sicherlich mit seiner an diesem Tag besonders haushälterischen Spielweise zu tun; aber auch damit, dass beim HSV die Rolle des angreifenden Abwehrspielers schon einmal besetzt ist mit dem großartigen Verteidiger Manfred Kaltz. Der ist, nach Kevin Keegans Weggang, der beste und teuerste Spieler des HSV. Wie er mit Beckenbauer fertigwird und der mit ihm, nicht zuletzt dies wird über das Schicksal des Heimgekehrten entscheiden.

Aber seltsam: Während die Hamburger Spieler, und gerade Kaltz, den Superstar Keegan lange Zeit ignorierten, ja boykottierten, scheinen sie diesmal von Anfang zur Unterwerfung bereit. Und noch seltsamer: Dem Franz Beckenbauer, der vor seiner Flucht nach Amerika ein bewunderter, aber keineswegs geliebter Fußballstar war, schlägt jetzt überall geradezu herzliche Sympathie entgegen.

Seine hochfahrende Spielweise (die immer auch signalisierte: Ich bin keiner wie ihr) und seine hochfliegende Lebensweise (die ihn bis nach Bayreuth und die Klatschspalten der Boulevardpresse emportrug) hatten einen unüberbrückbaren Abstand geschaffen zwischen dem Herrscher, seinen Mitspielern, seinem Publikum. Und während andere Fußballgötter wie gute Kleinbürger lebten (wie Fritz Walter, der noch immer bei seiner Italia ist, noch immer »Schätzchen« zu ihr sagt), erlaubte sich Beckenbauer ein etwas komplizierteres Liebesleben. Als er dann häufiger Fehler machte, sogar ein paar Eigentore schoss, drehte das Publikum den Daumen nach unten – der beste deutsche Fußballer war plötzlich der bestgehasste. Amerika war damals die Rettung.

Die Zuneigung, die er jetzt bis auf weiteres genießt, ist nicht nur Rührseligkeit über die Heimkehr des verlorenen Kaisers. Die Sehnsucht nach den schönen Künsten Beckenbauers hat viel zu tun mit der Verbitterung über den hässlich gewordenen Fußball. Die trostlose Weltmeisterschaft in Argentinien, die trotz eines deutschen Sieges nicht viel bessere Europameisterschaft, die zunehmende Brutalität, die Allmacht der Taktiker, die tägliche, traurige Farce mit den Trainern – in so dürftiger Zeit wächst die Sehnsucht nach dem Erlöser.

Der wird Beckenbauer nicht sein, weil er es nie war. Zum Fußballhelden taugt er nicht, weil er, Perfektionist und Phlegmatiker in einer Person, die kühnen, die unmöglichen Projekte auf dem Spielfeld nicht in Angriff nimmt, das tragische Scheitern nie riskieren wird. Doch ein Trost ist es schon, dass er jetzt wieder da ist, das kleine Häuflein der charismatischen Fußballer, der Weltverbesserer (Rummenigge und Breitner, Hans Müller und Schuster) etwas vergrößert.

Eine Viertelstunde vor Schluss: Es steht 3:1, das Spiel ist gewonnen, die Kräfte haben gereicht. Beckenbauer beginnt zu zaubern – umspielt mühelos zwei Karlsruher, kreist, den Ball am Fuß, um sich selber, geht für seine Verhältnisse geradezu verschwenderisch mit seinen Fähigkeiten um. Man ist ja so dankbar.

Am nächsten Samstag hat er wieder ein Heimspiel, wieder ist ein Abstiegskandidat der Gegner: München 1860. Die Löwen kommen. Meine Löwen! Doch die Macht des Löwengebrülls ist längst erloschen. Franz Beckenbauer wird wieder einen ruhigen Nachmittag haben. Und ich einen traurigen.

Ludwig Harig

Erstes alexandrinisches Sonett über den Fußball

Es krönt das Länderspiel den Bundesligaknüller.
Nicht Niedersachsenross, nicht Kölner Ziegenbock,
der Adler zeigt sein Haupt. Im schwarzen Nylon-
rock
das Linienrichterpaar erzürnt den Chor der
Brüller.

Ein Flankenball von Kaltz, ein Pass von Hansi
Müller
schlägt wie ein Schnabelhieb dem spröden
Abwehrblock
die Spalte tief bis hin zur Fahne auf dem Pflock,
wo Rummenigge steht: Vollstrecker und Erfüller.

O abgetropfter Ball! O eingeschlenztes Leder!
Der fußerzeugten Kunst begleicht und opfert
jeder
Tribut und Obolus im hirnverzückten Schrei.

Die Sieger tanzen auf, leicht wie die Adlerfeder,
im Arme liegt und küsst und tröstet sich jedweder
in diesem Augenblick: gewonnen drei zu zwei!

Urs Widmer

Beruf: Bundesligaspieler

Wie um Slalomstangen flitzt du um deine Gegenspieler herum, und dein Herz lacht, wenn sie Spiel- und Standbein verwechseln. Du schießt mit dem Innenrist, und die Stehplatzzuschauer stöhnen auf. Die Kameraden küssen dich. Dein Körper ist aus Muskeln, dein Herz ist aus Sehnen. Lieber als die Küsse der zehn Kumpels wäre dir die Umarmung einer Frau, einer ganz bestimmten Frau, aber bei ihr hast du, vor Monaten schon, das Stand- und das Spielbein verwechselt. Tja. Als du ein Kind warst, hatten die Torhüter eine Bierflasche im Toreck, und sie verwechselten nie das Spiel- und das Standbein, denn sie hatten zwei Standbeine. Auf denen standen sie, auf zwei Stützen für ihr schweres einfaches Herz, das sie abends seelenruhig nach Hause trugen, trotz dem 0:2, das sie, dank der Bierflasche im Toreck, nicht so tragisch nahmen.

Tim Jürgens, Philipp Köster

Dantes Tragödie

Es war einer der Tage, an denen jeder noch in Jahrzehnten weiß, wo er sich aufhielt, als es passierte. Die Antwort des brasilianischen Verteidigers Dante lautet: »Ich war in der Hölle.« Eine schicksalhafte Fügung hatte dem Spieler des FC Bayern München zum WM-Debüt verholfen. Bis dato hat der Wuschelkopf wacker auf der Auswechselbank ausgeharrt. An Kapitän Thiago Silva kommt der Mann aus Salvador de Bahia mit Wohnsitz in Grünwald nicht vorbei.

Doch im Viertelfinale gegen Kolumbien haben sich die Spieler des WM-Gastgebers, entgegen sonstiger Gepflogenheiten als Fußballästheten, eine offene Feldschlacht geliefert. Tragisches Opfer der Auseinandersetzungen ist Superstar Neymar, der sich einen Lendenwirbel bricht und für den Rest des Turniers ausfällt. In den Wirren des Konflikts lässt sich auch Thiago Silva zu einer Rempelei hinreißen – und fehlt gegen Deutschland wegen einer Gelbsperre.

Es schlägt also die Stunde von Dante Bonfim Costa Santos. Wie sehr hat sich der 30-Jährige auf diesen Moment gefreut. Ausgerechnet im Spiel gegen sechs seiner Münchner Kollegen darf er sein Können unter Beweis stellen. Es kann eine dieser wunderbaren Geschichten werden, die der Fußball mitunter schreibt. Doch es wird ein Alptraum.

Nach 29 Minuten führt Deutschland bereits mit 5:0. Viele Experten haben Brasilien vorab als sicheren Weltmeister getippt. Die Begeisterung im Land und die hohe Qualität der Mannschaft lassen wenig Zweifel zu, dass ein europäisches Team der Seleção Konkurrenz machen könnte. Doch der Gastgeber zeigt seit Beginn des Turniers, dass ihm die hohen Erwartungen im fußballbesessenen Land zu schaffen machen.

Das Fehlen der Leistungsträger raubt der Elf von Felipe Scolari nun aber jegliche Ordnung. Auch die deutsche Elf hat sich nicht in jedem Match mit Ruhm bekleckert. Doch nach fordernden Spielen in der K.-o.-Runde gegen Algerien und Frankreich präsentiert sich die Mannschaft gereift und erstmals in Topform.

Gegen den deutschen Siegeswillen hat die ersatzgeschwächte Seleção keine Chance. Neymar-Ersatz Oscar entwickelt keine zündende Idee, Dante fehlt die Aura von Thiago Silva, um in der

Kürze die Abwehr zu organisieren. Die Folge: ein Schützenfest. Die fröhliche Hymne der Fans – *»Eu, sou Brasileiro, com muito orgulho, cum muito amor«* (»Ich bin Brasilianer, mit großem Stolz, mit viel Liebe«) – verstummt nach wenigen Minuten. Tausende weinen bitterlich. Einige rufen bei ihren Familien an, um die Angehörigen nach Hause zu schicken. Niemand kann sagen, wie sich der Frust über diese Katastrophe in der Bevölkerung auswirken wird. Bald skandieren die ersten Fans: *»Hey, Dilma, vai tomar no culo«* (»Hey, Dilma, steck's dir in den Arsch«), den Schmähruf der Protestbewegung in Richtung der Präsidentin Dilma Rousseff.

Doch die deutschen Spieler sind derart auf ihren Plan programmiert, dass die Elf kein Pardon kennt. Es dauert bis zur Schlussminute, ehe Jerome Boateng großzügig vergisst, dem Laufweg seines Gegners Oscar zu folgen, und ihm den Ehrentreffer gönnt. Als Referee Marco Rodríguez abpfeift, müssen Teile der WM-Geschichte umgeschrieben werden. 1:7 – die höchste Niederlage einer Seleção in der Historie. Noch nie hat ein Team in einem WM-Halbfinale höher gewonnen/verloren. Und: Miroslav Klose ist durch seinen Treffer zum 0:2 zum alleinigen WM-Rekordtorschützen aufgestiegen. Er überholt ausgerechnet Brasiliens Denkmal

Ronaldo, das oben auf der Tribüne für einen TV-Sender kommentiert.

Als Dante nach dem Schlusspfiff von allen Münchner Kollegen die Kondolenzen empfangen hat, stehen seine Mitspieler am Anstoßkreis und sprechen sich Mut zu. Er schafft es nicht mehr rechtzeitig, in den Kreis aufgenommen zu werden. Er hat sich so sehr gewünscht, Teil dieses Teams zu sein. Nun geht er allein in die Kabine. Dantes Tragödie kennt kein Happy End.

Moritz Rinke

Ich hätt weine könne

Jogi Löw schreibt den sechsten WM-Brief an seine Frau

Daniela-Liebschte!

Danke für Deine ganze SMSe, die ich in der Halbzeit gege Brasilien geläse hab. Du häsch erscht in der 31. Minute eigeschaltet?? Du häsch wege der Baustelle in Gundelfingen/Freiburg-Nord die erschte 30 Minute gege Brasilien verpasst?! Des darf doch nid wohr sei, Daniela! Ich hab Dir immer gsagt, dass Du wege dere Baustelle in Gundelfingen zeitiger losmusch!! Ich spiel gege Brasilien, und Du stehsch im Stau in Gundelfingen! Daniela, 5 TORE IN 29 MINUTEN IM WM-HALBFINALE GEGE BRASILIEN, des hätts noch nie gäbe, des isch ä WUNDER, und Du stehsch do rum im Stau in GUNDELFINGEN!

In Deinere nächschte SMS isch gstande, dass Du erscht amol in der Programmzeitschrift nochgucke musch, ob Du des richtige Spiel eingeschaltet häsch?! Ja, meinsch Du, es spielt an dem Obend noch jemand anderes gege Brasilien??! Des waren mir!! ICH, Daniela, des war ich, der JOGI! Häsch du mich denn nidde uf dere Bank gesähne in meinere gröschte halbe Stund in meinem Läbe??!! Häsch Du wirklich bei dere Störungsstelle agrufe?? Und beim ZDF in Mainz, dass »Brasilien – Deutschland 0:5« jo wohl ä Druckfehler isch?? Daniela, des ZDF »druckt« nidde, sondern »blendet ebbis i«, noch mal auf Hochdeutsch: Das ZDF »druckt« nicht, sondern »blendet ein«, der Zwischestand »0:5« isch eiblendet worre, nid gedruckt! Zeitungen drucke! Schau amol, was sie jetzt drucke, die Dumpfbacke: »WUNDER VON BELO HORIZONTE« oder »JOGI SCHREIBT GESCHICHTE!« oder »DAS SIEBTE FUSSBALLWUNDER«. Daniela, kennsch Du Moses? Er hätt des Wasser geteilt und seinem Volk den Weg durch die Meere geebnet. Daniela, uf dere Bank noch dem 5:0 hab ich plötzlich des Gefühl ghabt, es gibt ä Parallele zwischen mir und dem Moses! Moses und ich! 7:1 Brasilien im WM-Halbfinale besiege isch wie Moses, der des Meer teilt hätt!! Schick Dir Bilder vun mir und Moses zum Vergliche! Spürsch Du die Ähnlichkeit? Daniela, ich bin wie im Rausch, so muss des sei, we ma wie im Bundestag kokst. Wollen mir au ämol koksen?

In Gundelfingen? Lass uns ä Hund kaufe! Ich will ä Hund mit Dir habe, und er soll nid Moses heiße, sondern Belo Horizonte! Dann jogge ich als Weltmeischter durch de Schwarzwald, die Leut winke mir zu, und hinter mir her läuft Belo Horizonte!

Weisch Du was? In der Halbzeit, beim 5:0, hab ich mich wie im ä Film gfühlt! Als ob des nid real wär! Ämol hab ich zu Flick gsagt: »Hansi, vielleicht isch des ›Verstehen Sie Spaß‹? Vielleicht hätt sich die FIFA besteche lasse vun ›Verstehen Sie Spaß‹??« (Wie in dem Film, weisch noch?, *Truman-Show* oder so, wo der am Ende mit seinem Boot gegen die Horizont fährt, und der Horizont war gar nicht real!)

Ich hab unseren Pressechef, den Grittner, im Kabinengang gfrogt: »Grittner, sag ämol, bin ich im Film? Stehts wirklich 5:0 für uns??« Grittner hätt mitm Kopf gnickt. »Ja, Jogi«, sagte er, »ich kann das bestätigen, 5:0 nach 45 Minuten, es ist der Wahnsinn!« Dann hab ich zu Grittner gsagt: »Grittner, bisch du dir sicher, dass des au in Deutschland ausgestrahlt wird??« Grittner hätt mich irritiert agschaut, aber ich hab plötzlich des Gefühl ghabt, die würde in Deutschland lieber noch ämol des Algeriespiel wiederhole! Lieber noch ämol des

Spiel gege Algerie zeige, damit die Deutsche weiter schimpfe könne! Die Deutsche wollen immer schimpfe, Daniela, mir sin ä Schimpfland. Und wenn es nix zu schimpfe gibt wie jetzt, dann mache sie ä riese Hype, des isch Englisch, Daniela, »to hype« heißt, dass Du jemanden hochschieße dusch, in Deutschland wird hochgschosse und runtergschosse (»shit storm«, heißt des). Kein Gleichgewicht, Daniela, kein Gleichgewicht. Wärsch Du nidde in Gundelfingen rumgstande, weil dann hättsch Du sähe könne, dass ich beim Stand von 4:0 au ämol gschimpft hab? Ich habs extra gmacht. Ich hab gwisst, dass die in Deutschland jetzt alles hochschieße, also hab ich extra ebbis runtergschosse.

Und jetzt kummt's, Daniela! Ich hab au nid mehr gjubelt beim 5:0, 6:0 usw., weil es in dem Spiel um ebbis anderes gange isch! Ich hab in die Augen der Brasilianer gesähne, und ich hätt weine könne, ja, Daniela, ich hab ufm Clo, in der Halbzeit, heimlich gweint, Mitgefühl, Daniela, Mitgefühl. Ich hab in Belo Horizonte ufm Clo nochm Pausetee still und leise gheult. Solle die Deutschen uf der Fanmeile saufe und hochschieße und unzärtlich sei, aber ich bin im Halbfinale ä zärtliche Mensch gworre. Die Brasilianer hän wie Kinder ohne Baba gspielt, verlasse, ohne Hoffnung. Daniela, wenn ich Weltmeischter bin, kehre mir Deutschland de Rücke und gehe nach Brasilien, ich ghör hierhi. Belo Horizonte nehme ma mit.

In Liebe und Demut, Dei Jogi

PS: Ich hab während ich den Brief gschriebe hab, siebe Caipis gtrunke, ich bin schu – hicks – so besoffe und gaga wie van Gaal, der Holländer.

Uta-Maria Heim

Ein Mann, ein Schrei, ein Tor – Fußball ist nicht unser Leben

Der Schuss auf das Tor ist das wirksamste Mittel gegen Torschusspanik. *Pauline (10), Mittelfeld*

Frauen können nicht schießen. Sie können es aus biologischen Gründen nicht, weil ihnen das dritte Bein fehlt. Kein Pathologe kann erklären, weshalb man drei Beine braucht, um einen aufgeblasenen Fetzen Leder zwischen zwei Pfosten zu kicken. Das kann nicht mal ein Psychoanalytiker, weil die Psychoanalyse einen aufschlussreichen Hinweis Freuds nicht weiterverfolgt hat. Es geht um den Agressionstrieb des Mannes. Und um den »ewigen Eros« männlicher Sportivität, der mit Homosexualität schon deshalb nicht zu vergleichen ist, weil er sie automatisch transzendiert.

»Die Schicksalsfrage der Menschenart scheint mir zu sein, ob und in welchem Maße es ihrer Kulturentwicklung gelingen wird, der Störung des Zusammenlebens durch den Aggressions- und Selbstvernichtungstrieb des Mannes Herr zu werden. In diesem Bezug verdient vielleicht gerade das gegenwärtige Fußballspiel ein beson-

> deres Interesse. Deutschland, nach der Vereinigung mit Österreich auch im Fußball zu den ganz Starken dieser Welt gezählt, ist in der Vorrunde der Weltmeisterschaft von Paris durch schwache Fehlleistung ausgeschieden. Aus einem hoffnungsvollen 2:0 für Deutschland wurde ein 2:4 für die Schweiz. Die deutsche Elf unterlag im Kampf gegen einen destruktiven Gegner, der ›ewige Eros‹ des Sportgeistes lag wimmernd auf dem Felde. Die Abwehr glich einem Hühnerhaufen, in den der Habicht stößt.« (Freud, S.: *Zur Voraussagbarkeit von Erfolg und Ausgang*, GW XIV, S. 506)

Sigmund Freud war bereits 1938 der Ansicht, »Wunder« gebe es im deutschen Fußball nicht mehr, und er beklagte einen »allgemeinen Formrückgang«, den auch die »Vollblutprofis von der Donau« nicht wettzumachen gedächten. Leider hat Freud die Rückkehr des »Wunders« nicht mehr erlebt. Am 4. Juli 1954 lief im Berner Wankdorfstadion das Finale der WM. Der Außenseiter Deutschland durfte überraschend gegen Ungarn antreten und gewann 3:2. Der Sportreporter Herbert Zimmermann verlieh diesem sensationellen Sieg mit seiner Stimme unvergängliche Dauer: »Tor! Tor! Tor! Tooooorrrrr!!!« (Die Dramaturgie des Spiels ist atemberaubend. Erst schießen die Ungarn in der sechsten und der achten Minute ein Tor, alles scheint verloren, dann kontern die Deutschen mit zwei Toren in der zehnten und achtzehnten Spielminute. Unentschieden! Danach fällt kein Tor mehr bis zur 84. Spielminute. »Jetzt müsste Rahn schießen«, stellt Zimmermann trocken fest und korrigiert sich: »Rahn schießt!«)

Der jubilierende Tor-Schrei drang hinaus auf die verlassenen Straßen Westdeutschlands. Die Entscheidung war gefallen. Deutschland war Weltmeister! Zwar befand man sich in einer schwierigen Epoche, weil mit dem bevorstehenden NATO-Beitritt der Bundesrepublik alle Hoffnungen auf ein wiedervereinigtes neutrales Deutschland schwanden, doch Zimmermanns begeisterter und stolzer Kommentar vermittelte der Nachkriegsbevölkerung neues Selbstbewusstsein. Noch vor dem Rundfunkempfänger sitzend, notierte Adorno: »In dem Hörerlebnis vollzieht sich die Gestaltung der Welt im Ich: Eine gestaltete Welt geht in ein gestaltetes Ich sinnvoll ein, leuchtend im Abglanz des infantilen Spiels.« (Adorno, Th. W.: *Entstehung der Dialektik*, GS 10, S. 685)

König Fußball ermunterte die klügsten Köpfe in seiner Gefolgschaft zum Nachdenken. Damit schwang sich das Wirtschaftswunder in geisteswissenschaftliche Höhen auf. Wir waren wieder wer, wir dachten uns wieder was, und wir hatten neue natürliche Feinde, die den Aggressionstrieb in kollektiv friedliche Bahnen lenkten. Von Selbstvernichtung konnte keine Rede mehr sein. Als Zimmermann »Tor!« schrie, war das der Geburtsschrei der deutschen Nachkriegsintellektuellen, die in den kommenden Jahrzehnten wie Pilze aus dem Boden schossen. (Wir wollen hier keine Namen nennen, sie sind uns ja allesamt bekannt.) Sie alle waren mit ihren Vätern, die als Frontsoldaten in zwei Weltkriegen gekämpft hatten, jeden Samstag zum Spiel gegangen, und deswegen liebten sie Fußball. Das einte sie, und dass Deutschland 1954 Weltmeister geworden war, nährte ihre mystizistische Überzeugung, dass das, was auf dem Platz passierte, galt. Der Rasen wurde zum symbolischen Austragungsort der Konflikte und Chancen der Gesellschaft.

An dem permanenten Rückverwandlungsprozess der Welt in einen riesengroßen Fußballacker sind ausnahmslos männliche Germanisten beteiligt. Sie sind etwa fünunddreißig bis siebzig Jahre alt, linksliberal und aufstiegsorientiert. Es sind tüchtige, erfolgreiche Analytiker, die von Kind an lustvoll auf der richtigen Seite standen. Sie kommen immer aus der Provinz. Ihre Jugend ist geprägt vom ungerechten Abstieg in die Bezirksliga, heute fiebern sie um Nürnberg, Freiburg oder den FC St. Pauli. Niemand von ihnen wäre verrückt genug zu sagen, er sei Bayern-Fan. Das ist pfui und verstößt bei diesem intelligenten Spiel, das allein dazu dient, geistige Macht zu verteilen und Männerbande in Redaktionen zu festigen, gegen die moralischen Regeln. Fußball-Intellektuelle sind harmlos, gescheit, unterhaltsam und halten fest zusammen. (Wie heißt es in der 74er-WM-Hymne? »Schön ist der Lohn, wenn 100 000 Freunde zusammenstehn.«) Gegen diese politisch korrekten Kopfarbeiter kann man somit nichts Ernsthaftes vorbringen, außer vielleicht, dass sie – genetisch betrachtet – Männer sind. Im Umkehrschluss heißt das:

1. Alles, was über Fußball hierzulande im Umlauf ist, wurde von Männern geschrieben.
2. Es gibt nichts, was über Fußball nicht schon geschrieben wurde.
3. Für Frauen gibt es auf dem weiten Feld des Fußball-Feuilletons nichts mehr zu tun. Frauen sind und bleiben von jenem mächtigen Vergnügen ausgeschlossen, aus dem Chaos des Zufalls ein geschlossenes Sinnsystem zu erschaffen.

Frauen können über Fußball nicht schreiben. Auch das ist letztlich wiederum biologisch bedingt, weil ihnen im Kopf das dritte Bein fehlt: Sie wissen, dass sie Frauen sind. Und dass sie aus diesem sozialgenetischen Mangel heraus nicht vorgelassen werden zur Vergabestelle gesellschaftlicher Macht.

Diese Macht basiert auf dem Ausschluss von etwa fünfzig Prozent der Bevölkerung. Der Fußball symbolisiert damit auf einmalige Weise den Triumph männlicher Vorherrschaft, und zwar von uns aus gesehen weltweit.

Die Helden von 1974

Für einen Mann ist Fußball eine so natürliche Beschäftigung wie Autoputz oder für die Frau das Kartoffelschälen. Für eine Frau hingegen ist er eine Leerstelle, ein schwarzes Loch: Es ist der Platz, wo sie nicht ist. Doch auch sie hat, fußballbedingt, Schlüsselerlebnisse, und die drehen sich meistens ums Erkennen oder Verleugnen eines lebenslangen Ausgeschlossenseins. Mein Schlüsselerlebnis fand am 7. Juli 1974 im Münchner Olympiastadion statt. Ich war zehn und kam aufs Gymnasium. Es war Sonntagnachmittag, und draußen schien wider Erwarten die Sonne. Die Wochen davor hatte es dauernd geregnet, und immer dann, wenn ein Spiel war. Dann hatte es auch im Fernseher geregnet, und wir sahen begeistert zu, wie patschnasse Männer übers Feld jagten, bis das Wasser aus den Pfützen spritzte.

Tante Martha trug eine fliederfarbene Trevira-

Kittelschürze, die knisterte, als sie das klirrende Tablett neben mich auf den Stubentisch stellte. Sie roch nach 4711 und Creme 21. Onkel Karle, der in Trainingshose, Hosenträgern und Unterhemd hinter mir auf dem Sofa lag, griff ihr schläfrig zwischen die Beine. Tante Martha fuhr ungerührt fort, den Tisch zu decken. Sie hatte das Tischtuch abgenommen. Ich saß mit Minirock und nackten Schenkeln auf der Resopalplatte, auf der die feuchte Haut festklebte, und wenn ich ein Bein hochzog, gab es ein schmatzendes Geräusch. Tante Martha verjagte mich nicht, sondern stellte die Tassen und Teller einfach um mich herum. Neben mir auf dem Teppich saß mein Cousin Karl junior und quälte drei noch blinde junge Katzen, indem er sie abwechselnd in die Luft warf.

Die Stube war abgedunkelt. Durch die Lamellen der Fensterläden fiel streifenweise grelles Sonnenlicht. Zwei Meter vor mir stand der neue Farbfernseher. Onkel Karle schob seine karierte Helmut-Schön-Mütze in den Nacken und griff sich ein Zigarillo. »Jetzt mach auch mal dieses Glotzophon an!«

Ich sprang auf und drückte die Ein-Taste. Es flimmerte. Es ging los.

»Die Holländer wollen's uns zeigen. Seichdackel.« Onkel Karle schnaubte. Umständlich zündete er das Zigarillo an.

»Die machen die hin«, bemerkte die Tante. Wie üblich wusste man nicht, wen sie meinte.

Johan Cruyff rannte mit dem Ball Richtung deutsches Tor. Berti Vogts lief hinter ihm her, Uli Hoeneß wollte ihm helfen. Foul im Strafraum. Elfmeter. »Jetzt schieß halt, du Seckel!« Johan Neeskens schoss. 1:0 in der 1. Minute. Karl junior klatschte aus purer Nervosität ein Kätzchen an die Wand.

Onkel Karle blies eine dräuende Rauchwolke in die Luft. Der vertraute Tabakgestank ließ die Gefahr sofort verlockend erscheinen. Ich fixierte meine champignonfarbenen, rutschenden Kniestrümpfe, die mich herrlich deprimierten, zappelte mit den Beinen und fühlte mich hervorragend elend. Wenn die Deutschen tatsächlich verlören, würden Karl junior und ich den Rest des Tages so tun, als wären wir depressiv. Wir wussten, wie das ging. Der Nachbar hatte sich kürzlich von der Brücke gestürzt.

»A wa, der Maier Sepp, der Depp. Jetzt haben wir den granatenmäßigen Scheißdreck«, schimpfte der Onkel, der mir kurz davor erzählt hatte, womit sie während des Afrika-Feldzugs Fußball gespielt hatten: mit dem Kopf des Kommandanten unter der sengenden Sonne von Tunis. (Es habe ein schmatzendes Geräusch gegeben, als der Onkel den gelblich verrunzelten Schädel mit dem Stiefel getreten und dabei ein Auge erwischt habe.)

»Jetzt lass auch mal die Kätzchen in Ruhe«, sagte Tante Martha zu Karl junior. Sie hatte an der Sofakante Platz genommen, um ihre potentielle Abwesenheit anzudeuten, und wirkte ungeheuer provisorisch.

Karl junior und ich nahmen die Ereignisse ernst. Nach der gemeinsam begangenen Erstkommunion, zu der zirka hundert Verwandte erschienen waren, war dieses Endspiel der wichtigste Tag in meinem Leben, und Karl junior ging es nicht viel anders. Wir hatten uns darauf vorbereitet, mit dem mehrmaligen Abspielen des WM-Hits *Fußball ist unser Leben*, gesungen von der Deutschen Nationalmannschaft. Wir grölten: »Ha-ho-hea-hea-he!« Im lackierten Nussbaum-Musikschrank stand der altersschwache Plattenspieler. Weil die Single eierte, rauschte, röhrte und knackte, da Tonarm und Nadel durch die Drogen- und Rock-'n'-Roll-Exzesse unserer älteren Geschwister gnadenlos ruiniert worden waren, geriet die Zelebration richtig feierlich. Umso verstörender wirkte es nun auf mich, dass die Sache nicht richtig losging. Oder vielmehr, das Fest war nach weniger als einer Minute beendet. 1:0. Nach einem kurzen Moment erregter Enttäuschung fühlte ich mich völlig zerfahren.

Ratlos streckte ich die Beine aus und betrachtete das linke und das rechte Schienbein. Ich versuchte, die Strümpfe durch einen reinen Willensakt zum Rutschen zu bringen.

Onkel Karle, der aktiver Kommunist war, kommentierte das Spiel. Er war allseits beliebt und hatte mehrere komplizierte Funktionen im Dorf, unter anderem war er Vorsitzender des Fußballvereins. Es verstand sich von selbst, dass er mich und Karl junior am Wochenende mit auf den Platz nahm. Dann standen wir dumm am Zaun, wenn die Sowieso-Jugend gegen das Nachbardorf spielte, und Onkel Karle schrie: »Kurt, hau druff! Jetzt tu doch das Ding rein, du dackliger Daudel!«

Wir guckten halt zu. Manchmal nahmen wir auch einen Ball und kickten leidenschaftslos vor uns hin. Aus Karl junior wurde kein Fußballer, und von mir wurde das auch gar nicht erwartet. Doch obwohl ich sonst kein Fan war, fieberte ich der WM entgegen. Von jedem einzelnen Spieler im Kader besaß ich ein Autogramm. In meinem Zimmer hingen auch mehrere Fußball-Poster, eins davon eine Mannschaftsaufnahme mit Original-Unterschriften. Ich sammelte Bildchen von der Nationalmannschaft, und ich wusste von jedem Spieler das Geburtsdatum auswendig. Mein Lieblingsspieler war Gerd Müller, geb. 3. 11. 1945, aber noch lieber mochte ich Sepp Maier, 28.2.1944, weil er der Torwart war. Und zack! Maier hält!

»Jetzt hör doch mal auf, mit deinen Füßen rumzuhampeln«, meckerte der Onkel. »Das macht einen ja noch ganz gschupft.« (Er bereute allmählich, dass er nicht bei seinen Fußbällern in der Wirtschaft hockte.)

Ich zog meine champignonfarbenen Kniestrümpfe hoch und ging die Produkte durch, für die an der Bande geworben wurde: Bauknecht Komplett-Küchen, Alka-Seltzer, Europa Möbel und Sechsämtertropfen. Ich konnte mich überhaupt nicht aufs Spiel konzentrieren, denn neben meinem Fatalismus plagte mich auch noch das Lampenfieber. Mein Blick richtete sich auf die besorgniserregend knappen Höschen. Wenn ein Spieler zu Boden ging und die Beine spreizte, quoll links und rechts das Gewebe heraus. Ich war zwar erst zehn und wurde bald elf, aber in diesem Punkt entwickelte ich soeben meine erste historische Erfahrung: In früheren Zeiten waren die Höschen wesentlich länger und weiter gewesen, nie zuvor waren sie so gefährlich eng wie bei der WM 1974. Da. Strafstoß. Elfmeter! Elfmeter für Deutschland! Jetzt kann alles wieder gut werden. Breitner legt sich den Ball zurecht.

»Jetzt schieß doch, du Seckel!« Breitner schießt.

1:1 in der 25. Minute. »Jawoll«, schrie der Onkel. »Die Hunde bellen, aber die Karawane zieht weiter.«

Helmut Schön blieb sitzen und lächelte schwach.

Die Tante stand auf. »Ich bring mal den Kaffee.«

»Der Schwarze da heißt Paule Breitner«, sagte Karl junior und deutete auf den kleinen Kater, der zusammengeringelt auf dem Teppich lag und schlief.

Der Sonntag, an dem ich nicht Weltmeister wurde

Die Helden von 1974 hießen Beckenbauer, Schwarzenbeck, Grabowski und Breitner, Müller und Maier, Overath, Vogts und Hölzenbein. Die geburtenstarke Generation der ewig Zuspätgekommenen, die seltsamerweise *vor* der von allen Altlasten erlösten Generation Golf kam, wird diese Namen nie mehr vergessen. Für die Jahrgänge um 1963 sind sie Kult. Aber nicht nur die Namen, auch die Accessoires rufen in uns den Drang zu nostalgischer Verklärung hervor. Das Bedenklichste ist dabei Schöns Scheitel: Er war auf tabuisierte Weise tiefergelegt. Ihn verbarg die obligatorische Mütze, die Schön mit der Arbeiterklasse verband. (»Der Bürger trägt einen Hut, der Arbeiter eine Kappe«, sagte mein Onkel.) 1974 war es wohl nur wenigen bewusst, doch Trainer Schön symbolisierte die emanzipatorische Tradition der Bewegungsspiele wie sonst keiner. (Emanzipatorisch war der Vereinssport schon deshalb, weil er die schwindende körperliche Arbeit durch einen höchst freiwilligen Akt der Schinderei ersetzte.) Rein äußerlich war Schön Sozialdemokrat. Stolz trug unser erfolgreichster Bundestrainer, der Anfang der fünfziger Jahre von Sachsen ins Saarland gestürmt war, altmännerhafte Trainingsanzüge, Farbe hellblau. Die Ausstattung der Spieler wirkte mindestens genauso subversiv: Die langärmeligen schwarz-weißen Trikots waren eine absolute Unverschämtheit, da eben der Farbfernseher erfunden und in die Wohnzimmer verteilt worden war. (Gegen den Eindruck absichtlicher Bosheit konnte auch das türkisfarbene Hemd von Sepp Maier nichts ausrichten: Plötzlich war alles so schön bunt hier, nur die deutsche Elf blieb weiterhin Schwarzweiß-Fernsehen.) Die oberschenkelfreien schwarzen Minihöschen kamen sowieso als antiautoritäre Gemeinheit daher, denn sie waren noch wesentlich riskanter geschnitten als die Hosen so mancher Kollegen aus dem Ausland. Die Jugoslawen und die Schweden zum Beispiel trugen Sporthosen, die dagegen überaus geräumig waren, nicht zu reden von den glänzenden grünen Riesenshorts der temperamentvollen Spieler aus Zaire. Die deutschen Spieler waren aber nicht nur untenrum echte Revoluzzer. Sie fielen auch auf durch ihre noch fetteren Koteletten und die langen, langen Haare – alles, was wir da ›made in Germany‹ sahen, das war die Revolution. (Dass schon während des puren Hippietums auffallend viele Spieler vom FC Bayern München kamen, bleibt in dem Zusammenhang heutzutage stets unerwähnt. Genauso wenig genannt wird die WM-umspannende Globalmarke Adidas, die in Fachkreisen ab vierzig als reaktionär gilt.)

Es ging um die Wurst. »Einer für alle, alle für einen« – die deutsche Elf kämpfte und gab alles, bis Gerd Müller, der »Bomber«, der Torschützenkönig (68 Tore in 62 Länderspielen), in der 43. Minute den Ball voll »reinmüllerte«. War es Heribert Faßbender, der die Entscheidung auf dem Rasen im Radio in dem atemberaubenden Tempo eines Jandl-Gedichts kommentierte? »Grabowski sieht jetzt, dass Bonhof steil geht, und prompt ist der Ball bei Bonhof gelandet im 16-Meter-Raum, spielt zur Linken, zum Tor, da kommt der Ball auf Müller, der dreht sich um die eigene Achse, schießt und – Tor, Tor durch Gerd Müller!«

2:1. Dabei blieb es, und das reichte. Nachdem

die erste Halbzeit durchgezittert war und in der zweiten nichts mehr passierte, außer dass sich die schwadenartige Stubenluft zu einem toxischen Teergemisch verdickte (die scharfen Sonnenstrahlen, die durch die Lamellen fielen, zeichneten elegisch geschwungene Rauchmuster), kam der erlösende Schlusspfiff. Die deutschen Spieler warfen die Arme hoch; Helmut Schön und seine Helfer sprangen auf. Gerd Müller sank zu Boden, riss die Arme hoch, mit einer tiefreligiösen und fotogenen Geste. (Wer dachte dabei nicht an Brandts Kniefall in Warschau ...) Die Massen rannten aufs Spielfeld, für uns ging ein Traum in Erfüllung: Wir wurden leibhaftig Weltmeister! Wir genossen den frühen Ruhm, denn es war immer klar, dass der Fußball, sollten unsere Jahrgänge an die Reihe kommen, darniedergehen würde. Er würde praktisch durch uns selber infiziert werden und an Spießigkeit und Mittelmaß erkranken. Dass es gar nicht anders ging, darüber hatten uns beizeiten unsere großen Geschwister aufgeklärt: Mein zehneinhalb Jahre älterer Bruder hat nie den kleinsten Zweifel daran gelassen, dass er auch noch das letzte bisschen Utopie aufbrauchen wollte.

Allein die Jahrgänge der Spieler zeigten, dass sie Geschichte machen würden: Es waren die Jahrgänge der ersten RAF-Generation. Im verunsicherten Deutschland war vieles im Umbruch: Im Mai war Willy Brandt wegen der Guillaume-Affäre zurückgetreten, Helmut Schmidt wurde Kanzler und Walter Scheel Bundespräsident. Beide waren beim Endspiel dabei und wurden im Fernsehen gezeigt: Schmidt saß auf der Ehrentribüne, Scheel hat Kapitän Beckenbauer nach dem Sieg den Weltcup überreicht. Scheel streckte Kaiser Franz mit einem fischgesichtigen Lächeln den Weltpokal entgegen! Der neue Wanderpokal war im Auftrag des Welt-Fußballverbands FIFA eben erst entworfen worden und ähnlich frisch wie die kürzlich gewählte Bundesregierung. Der Goldbrocken glich einem gigantischen Phallus.

Es war der Sonntag, an dem ich nicht Weltmeister wurde: Das wurde mir beim Anblick dieses kolossartigen Schwanzes schlagartig klar. Beckenbauer schwang fünf Kilo Gold in die Höhe und strahlte, wobei eine Reihe kleiner, abgeknirschter Zähne sichtbar wurde, die zeigten, was ein Spielführer nachts tat. An den Ärmeln hatte Beckenbauer Grasflecken, die beim Waschen wohl kaum herausgehen würden. (Ein klassischer Fall für Klementine.) Erst der Jubel, und dann diese schockierende Ernüchterung: König Fußball, der die Welt regiert, ist nichts als ein strotzender Phallus! Es war auf der Stelle deutlich, was das hieß: Wir waren Weltmeister, und ich war nicht mit gemeint! Ich war eingesperrt in die duftende Zukunft der Pril-Blumen und ewig ausgesperrt aus der weiten Welt von Abenteuer, Kampf und Gefahr, von Krieg und Sieg.

Für ein zehnjähriges Mädchen ist es äußerst traumatisch, kurz vor den Wirren der Pubertät entmannt zu werden. Ich begriff die Geste des Kaisers als pure, mich persönlich treffende Kastration. Sicher, ein rational begabter Pressesprecher der FIFA würde den Weltcup ungefähr so beschreiben: Er wiegt die besagten fünf Kilo, ist aus achtzehnkarätigem Gold hergestellt, sechsunddreißig Zentimeter hoch und mit zwei grünen Ringen aus Malachit verziert. Er ist 30 000 Dollar wert und zeigt einen hochspringenden Spieler in Siegesfreude nach dem Kampf der Weltbesten um den Titel. An den Seiten hat er eine Art Flügel, die zur Rückseite hin den runden Becher formen – auf ihnen und auf den ausgebreiteten Armen des Spielers ruht die Weltkugel, die den Fußball symbolisiert.

Sigmund Freud wäre sicher vollends damit einverstanden, in diesem gigantischen Koloss einen erigierten, pulsenden Phallus zu sehen, mit zurückgezogener Vorhaut und glänzend hervortretender, praller Eichel. Ich würde sogar so weit gehen: Wer das *nicht* sieht, macht sich was vor. Ich bin mir ganz sicher, dass der Kaiser wusste, *wen* er da selig ins Licht hebt: das glorifizierte beste Stück von sich selbst.

König Fußball regiert die Welt

Als meine Tochter Pauline in die zweite Klasse kam, fragte sie mich, welches Hobby sie wählen solle: Fußball oder Ringen. Leicht geschockt meinte ich, sie solle doch lieber zum Handball gehen oder ins Ballett. Pauline erwiderte, sie interessiere am Sport nur eines: Das zu machen, was normalerweise nur Jungen dürfen.

Ich meldete sie an in unserem Fußballverein. Wir leben auf dem Land, es ist ein kleiner Verein, gegründet 1899, in dem noch nie zuvor ein Mädchen gespielt hat. Der Trainer war Türke. Er war sehr freundlich und offen und sperrte sich kein bisschen gegen die Aussicht, künftig ein Mädchen in der Mannschaft zu haben. Die Jungs dagegen waren überhaupt nicht begeistert, und ihre Eltern vermutlich auch nicht. Im ersten Jahr kam Pauline öfter mit verweinten Augen heim. (Ich gebe zu, sie bekam und bekommt von zu Hause wenig aktive Unterstützung. Allerdings sehe ich Paulines Fußballbegeisterung als Befreiungsschlag an, der sich nicht nur gegen die Fesseln des Patriarchats, sondern auch gegen das blöde Elternhaus richtet. Die physische Anwesenheit der Mutter bei Turnieren etc. ist daher generell unerwünscht.) Als sie zwischendurch dann doch mal frustriert war und aufhören wollte, schlug ich ihr vor, ein zweites Mädchen zu finden, das ebenfalls Fußball spielte. Nach den ersten Fehlschlägen kicken seit etwa zwei Jahren vier Mädchen im Verein. Eine ehemalige Handballerin, eine imposant kahnartige Erscheinung, steht sprungbereit im Tor. Ihr Vater trainiert seit einem Jahr die E-Jugend.

Pauline ist zehn und wird bald elf. Im nächsten Jahr darf sie mit den Jungs im Verein nicht mehr kicken. Dann kann sie zum Mädchenfußball in die nächste Kleinstadt, aber ob sie das will?

Im Sommer, als sie aufs Gymnasium kam, schaute ich mit ihr das legendäre WM-Endspiel an, mit den Helden von 1974, das wir von der Generation der Zuspätgekommenen unseren Kindern so gern zeigen. Die Gelegenheit bot sich während einer Fußball-Ausstellung im Geschichtsmuseum, wo ein Haufen Zehn- bis Elfjähriger mit nackten baumelnden Beinen auf klebrigen Plastikstühlen saß. Alle sperrten die Münder auf und stierten mit Glotzaugen auf das Spiel. »Mein Müllerchen!«, piepste Pauline jedes Mal, wenn Besagter den Ball bekam. »Kleines dickes Müller ist süüüß. Ich liiieeeeebe lange Haare!«

Dass das Endspiel von 74 einen nicht umhaut, ist seit der Live-Übertragung bekannt. Die Spieler waren viel zu nervös, die zweite Halbzeit hätte man sich auch schenken können; mal abgesehen von Sepp Maier, der sich mit einer Freude in den Dreck warf, die ansteckend wirkte. (»Mein Maierchen, du hast heute ein Superhaltbarkeitsdatum, ich mag dich!«) Doch dass man bei dieser miesen neandertalhaften Kameraführung nichts sah und dass deshalb auch der Reporter nichts zur Klärung des Geschehens auf dem Rasen beitrug, merkten wir früher nicht. Das stellen wir erst heute fest, mit der verwöhnten Entrüstung der technologisch Aufgerüsteten: Die haben uns ja betrogen damals! Wir haben ja gar nichts mitgekriegt!

Auch wenn die Pässe unscharf an uns vorüberflimmerten, das Entscheidende wurde uns ganz genau vorgeführt: Es war das aufgerichtete Körperteil, mit dem König Fußball die Welt regiert. In dem Augenblick, in dem Franz Beckenbauer den erigierten Weltcup von der Staatsmacht in Empfang nahm und in die Höhe hob, wurde eine ganze geburtenstarke Generation von vorpubertären Mädchen kastriert. Es war ein kollektives Trauma, das uns ein für alle Mal unsern Platz zuwies. Unser Ort ist das Eigenheim, wo wir unsere Art von gesellschaftlicher Macht ausbrüten: Wir erzeugen und züchten keimende Fußballspieler. Es ist die einzige Form von Teilnahme an den Ritualen männlicher Herrschaft, die uns erlaubt ist. Das ist nicht nur eine Kränkung, das ist eine Unverschämtheit, und daher sind wir auch nicht nett. Weil wir von früh auf ausgeschlossen wurden, drücken wir uns den Rest unseres Lebens vor schöpferischer und anstrengender Arbeit. Ständig bügeln wir, überwachen Hausaufgaben und schneiden unseren Söhnen die Haare. Wir sind unablässig mit der Reproduktion beschäftigt, für die unsere Männer unter Dreingabe ihres Lebens die nötigen Mittel herbeischaffen. Nachdem uns das Patriarchat symbolisch kastriert hat, lassen wir uns von ihm aushalten. Diese furiose Rache der Entrechteten mündet in eine geradezu krankhafte Anspruchshaltung: Fern vom Verteilungskrieg des Arbeitsmarkts beanspruchen wir die bedienungsfreundliche Einbauküche, den tollen Urlaub, den monopolisierten Sex und das dritte nicht behinderte Kind. Als Gegenleistung versprechen wir Bohnen mit Speck. Und die Wiederherstellung und Aufrechterhaltung einer Ordnung, die unsere Männer noch von ihren Großeltern kannten.

Männer haben unter ihresgleichen eine Menge

Spaß. Dieser kann gestört werden, sobald eine Frau auftaucht. Erst der Ausschluss fördert die Lust. Dabei haben Frauen schon in der Steinzeit Fußball gespielt. Und im Ersten Weltkrieg kam der Frauenfußball endlich groß raus, weil sich der Platz der Männer vom Feld ins Feld verlagert hatte, wo sie mit neumodischen Bomben und Granaten schossen. Nach dem Krieg wurde der Frauenfußball geächtet oder sogar verboten. In Großbritannien z.B. durften Frauen die Stadien nicht mehr benutzen, denn dieser Sport sei für sie »nicht geeignet und sollte deshalb nicht gefördert werden«. Selbstverständlich sind Frauen in der Lage, ins All zu fliegen oder unter Brücken zu schlafen, doch erst im November 1971 empfahl die UEFA den Frauen, das Kicken wiederaufzunehmen. Mittlerweile sind in der FIFA zehn Prozent Frauen, in den USA ist fast jeder zweite Fußballer weiblich. Dort ist Frauenfußball viel beliebter als Männerfußball, und Fußball gilt geradezu als Frauensport. Weltmeisterinnen sind allerdings die deutschen Frauen, die als sechsfache Europameisterinnen zu den erfolgreichsten Frauen-Fußballnationalmannschaften der Welt gehören. Im Oktober 2003 besiegten wir beim WM-Endspiel in den USA Schweden mit 2:1. Tina Theune-Meyer kennt trotzdem kein Mensch: Sie war die amtierende Trainerin.

Dass sich in den USA der Frauenfußball so ungestört ausbreiten kann, liegt womöglich an der horrenden Analphabetenrate. Denn erst die Verquickung von Macht, Schuss und *Geist* entwickelt beim Mann als Multiplikator in den Medien (»einer für alle …«) die Phantasie, dass hier etwas zu verteidigen sei. Stichwort Geist – darauf kommt's an! Nehmen wir das »Wunder von Bern«. Es ist nicht viel, was aus den fünfziger Jahren sonst noch bleibt: Stöckelschuhe, Elvis, Brecht-Gedichte und Toast-Hawaii vielleicht. Herbert Zimmermann wollte nicht in die Weltgeschichte eingehen, er machte nur seinen Job. Er brachte das Spiel rüber, das die lieben Hörerinnen und Hörer an den Rundfunkgeräten im Kopf selbst bebildern mussten. Seine Reportage ist allerdings genial. Hier kann man lernen, wie sich ein modernes Drama aufbaut und wie Spannung entsteht: Zimmermann verhilft einem Zeitraum von eineinhalb Stunden zu seltener Dauer. In seinen Sätzen sind die »Helden« von damals aufgehoben. (Viele von ihnen sind inzwischen tot: Trainer Sepp Herberger starb 1977, Torwart Toni Turek 1984, Kapitän Fritz Walter 2002, Stürmer Helmut Rahn 2003. Herbert Zimmermann war bereits 1966 mit dem Auto tödlich verunglückt.)

An den siebziger Jahren sind wir näher dran. HelmutSchönist1996andenFolgenderAlzheimer'schen Krankheit gestorben, aber Gerd Müller besiegte seine Alkoholprobleme, Wolfgang Overath wurde Präsident des 1. FC Köln, und Schwarzenbeck betreibt in München einen Schreibwarenladen. Franz Beckenbauer gilt als der erfolgreichste Spieler, Trainer und Funktionär aller Zeiten und ist Vorsitzender des Organisationskomitees zur Fußball-Weltmeisterschaft 2006. Über Günter Netzer, der bei der WM 74 leider auf der Bank sitzen musste, reden wir unter geistigen Aspekten beim nächsten Mal.

Anmerkung: Freilich haben Sie's gleich bemerkt, die beiden Zitate sind Fakes. Freud hat a. a. O. in einer ähnlichen Tonlage nicht über Fußball, sondern ganz allgemein über *Das Unbehagen in der Kultur* gesprochen. Adorno liebte das Matterhorn, das er in vergleichbaren Worten philosophisch ehrte. Wobei das Matterhorn einem alles überragenden Weltcup durchaus gleicht …

Christoph Biermann

Die Lesefrucht

Ein kleiner Etikettenschwindel war es schon, dass die Veranstaltung gerade bei einem Literaturfestival Unterschlupf gefunden hatte. Aber einerseits sind die Macher der lit.Cologne passionierte Fußballfans, denen man eine solche Sünde verzeihen muss. Andererseits fühlte sich kein Besucher getäuscht, das merkte man sofort. »Das Spiel lesen« hieß der Titel des Abends, für den nicht vorgesehen war, dass Texte über Fußball im Mittelpunkt stehen würden. Dem Publikum sollte vielmehr eine Form der Lesehilfe für den Besuch im Stadion gegeben werden.

Dafür standen mit Joachim Löw, dem damaligen Assistenztrainer im Nationalteam, Ralf Rangnick, damals bei Schalke 04, und Uwe Rapolder, der noch bei Arminia Bielefeld unter Vertrag stand, passionierte Fachleute auf der Bühne. Bemerkenswert übrigens, dass keiner von ihnen bei der Verabredung der Veranstaltung nach einem Honorar gefragt hatte. Sie reisten für den Lohn eines Bücherpakets nach Köln. Löw machte sich dazu sogar aus Freiburg auf den Weg, Rapolder opferte seinen freien Tag, und Rangnick verschob das Training, um pünktlich da sein zu können. Alle drei hatten auf meine Bitte hin sogar noch Videobeispiele mitgebracht, frisch auf DVD gebrannte Szenen aus Spielen ihrer Teams, die systematische Überlegungen und taktische Muster erläutern helfen sollten.

Offensichtlich machte ihnen die Aussicht Spaß, dem Publikum eine Seite ihrer Arbeit vorzuführen, nach der sonst weniger gefragt wird. Jedenfalls kam die Sache auf der Bühne zügig in Gang, als die drei um einen Taktiktisch herumstanden. Löw erklärte Grundformationen von gestern und heute. Rangnick offenbarte sein trauriges Leben als Kettenhund im defensiven Mittelfeld zu Zeiten der Manndeckung, als er an manchem Wochenende kaum am Ball war und doch gelobt wurde. Rapolder schließlich ließ die Steine übers Spielfeld sausen, als er die Kunst des Pressings erklärte, und fast hätte es dafür Beifall auf offener Szene gegeben. Die Zuschauer konnten die Züge auf einer Leinwand nachvollziehen, und dort schauten wir uns auch die mitgebrachten Videobeispiele an.

Erstaunlich, wie gut die drei zusammenpassten. Löw war mit seiner nüchternen Sachlichkeit der

Liebling der jüngeren Zuschauer, für die Ironie ein zu kompliziertes Konzept ist. Rangnick nahm die Besucher durch sein sprühendes Engagement ein, während Rapolder fast auf Pointe sprach. Bei aller Unterschiedlichkeit konnte man ahnen, warum gerade sie hochrangige Jobs in ihrer Branche haben. Zwei Stunden lang blieben alle im Saal gebannt sitzen, warum sollte es Spielern anders gehen?

Nachdem das Trio den begeisterten Applaus entgegengenommen hatte, wurde es nicht anders, denn bei Tisch diskutierten sie weiter engagiert über Fußball. »Der Ballack ist ein Sechser«, war einer der schönen Sätze, als die Trainer für einen Moment fast hitzig debattierten, wie und wo Deutschlands bester Spieler optimal einzusetzen wäre. Man soll nicht glauben, dass es unter Trainern anders zugeht als am Tresen.

Bald gesellte sich Kölns damaliger Manager Andreas Rettig dazu und musste sich die Spötteleien gefallen lassen, ob er gekommen sei, um dem Schalker Rangnick seinen Stürmerstar Lukas Podolski abzuliefern oder um Rapolder als neuen Coach unter Vertrag zu nehmen. Weiter gingen die Gespräche, und nur für kurze Momente ließen sich die Diskutanten ablenken, wenn sie Schriftsteller oder Schauspieler erkannten, die nach und nach von den anderen Lesungen herübergekommen waren. Zwischendurch klingelten die Handys, denn Fußballgeschäfte kennen keinen Dienstschluss. Doch kurz wurden die Gespräche gehalten in dieser fremden Atmosphäre, die alle zu beleben schien wie der Ausflug in ein anderes Leben.

Zwei Monate später unterschrieb Uwe Rapolder als Trainer beim 1. FC Köln. Es war zweifellos ein langer Weg vom Kölner Bücherfest zur Unterschrift des Vertrages gewesen, aber zumindest hatte er bei der Literatur (oder dem Etikettenschwindel mit ihr) seinen Anfang genommen. Und nachdem Rapolder in Köln gehen musste, trainierte er zwischendurch sogar mal die deutsche Nationalmannschaft – die der Schriftsteller, versteht sich.

Moritz Rinke

Jetzt were sie alli auf die Knie gehe

Jogi Löw schreibt den siebten WM-Brief an seine Frau

Daniela-Liebschte!

Weisch Du noch, vor zehn Johr? Wie oft sin mir an unserem Fluss, der Dreisam, Fahrrad gfahre? Austria Wien hätt mich nausgeschmisse! Devor hätt mich der FC Innsbruck nausgeschmisse, devor kurz bei de Türke, au nausgeschmisse! Am End nur noch Fahrrad gfahre, an de Dreisam! Mit em Fahrrad de Schwarzwald nuff und nunter. Arbeitslos, Daniela, arbeitslos! Ich immer stur und draurig vornedrusse, Du hintenoch, Daniela. Du häsch immer gsagt: »Guck doch emol, Jogi, wie schön die Amsle bei uns im Schwarzwald singe!« Dann hab ich gsagt: »Mich hätt grad Austria Wien nausgschmisse, ich interessier mich nid für Amsle und des Gezwitscher!« Dann häsch Du was vun de »Finken« gschwätzt! Wie oft häsch vun de Finken gschwätzt, Daniela, warum denn usgerechnet vun »Finke«! Ich hab immer denke müsse: FINKE, der sitzt fescht im Sattel beim SC Freiburg, der isch ä Legende, und was bin ich?? Ich hab nur ä Fahrradsattel, sonscht nix!

Und was hab ich jetzt, Daniela, was isch jetzt? ICH BIN WELTMEISCHTER!!!! Ich guck nimme uf die Dreisam, ich guck uf de Atlantik! Die Sonne geht grade uf, nid über dem Schwarzwald, nai, nai, über der Copacabana, Daniela! Du liegsch im Näbezimmer un schlofsch schu, aber ich kann nid schlofe, ich kann noch nid schlofe! Ich sitz als Weltmeischter am Schreibtisch und muss glei flenne, Daniela. Herberger, Schön, Beckenbauer und ich! Nie meh in de Nacht schweißgebadet ufwache und denke, es steht 4:4, obwohls ebe noch 4:0 gschtande hätt!

Soll ich Dich jetzt wecke, und Du verzehlsch mir wieder ebbis vun Amsle und FINKE? Herberger, Schön und ich! (Beckenbauer loss ich mol weg, der hätt den Titel jo nur in Italien, in Europa gholt.)

Ebe grad ä SMS vum Klinsmann kriegt: »Glückwunsch, Jogi, a weng hab ich ja jetzett au de Titel!«

Der Klinsi schwäbelt halt ä bissle, er meint uf Deutsch, ihm gehört au der Titel. Haha, luschdig … Klinsi de Titel??! Ich hab druff gschriebe: »Da, wo die Dreisam das Wasser des Krummbachs aufnimmt, hat dieser Weg begonnen!« Verstehsch, Daniela? »Do, wo die Dreisam des Wasser vum Krummbach ufnimmt, hätt MEI WÄG agfange!« Verstehsch?? Der Klinsi hätt mich doch uf em Fahrrad agrufe und mir den Job als Assistenztrainer vun ihm abote! Do ware mir grade emol wieder Fahrrad fahre, an dere beschissene Dreisam!

Und jetzt antworte ich nid mit »Danke, Klinsi, des war damals echt nett vun dir, dass ich dei Assi hab sei dürfe!«, nai, nai, ich schreib wie ä Kaiser, wie ä Weiser, wie ä Weltmeischter: »Da, wo die Dreisam das Wasser des Krummbachs aufnimmt, hat dieser Weg begonnen!«

Jetzt were sie alli auf die Knie gehe, Daniela, die ganze Experte in Deutschland, die müsse alli uf die Knie gehe, sich vernaige! Vernaige, Daniela! Was hän sie alli gschimpft: 4 Innenverteidiger! Keine richtige Stürmer! Spieler wie Mustafi, Durm, die niemand kennt! (Ich auch nidde. Kennsch Du Durm?) Und was isch jetzt, Daniela: WELTMEISCHTER!

Und jetzt sag ich: Experte allei reicht nidde! Ma muss es au im Gfühl habe, ich coach aus em Gfühl, des kenne die Deutsche gar nid!!, ich coach mit em Herze, kenne die Deutsche gar nid, ich coache aus der Nase! (Sieht ma ja manchmal auf em Bildschirm), ich coache au mit de Hoor, au mit em Hemd!

Daniela, Du schlofsch im Nebezimmer und schnufsch jetzt wie heut der Schweinsteiger nach 120 Minuten :-)

Schweinsteiger, Daniela! Ich hab heut bei der Übergabe der Medaille gesähne, wie die Kanzlerin ihn druckt hätt, ich glaub, die liebt den, den Schweinsteiger, ich au, er war ä Held. Wenn dieser Araribóia ä Heeresführer hätte, des wär einer wie Schweinsteiger gwäse, der hätt ebbis vun Rocky. Kennsch Du Rocky? (Fotos reiche ich nach.) Du, Götze isch noch kleiner als Merkel und Messi, isch mir bei der Siegerehrung ufgefalle.

Daniela, der Brief do, den hab ich in de letschte Nacht in Brasilie gschriebe, es isch der Weltmeischterbrief! Bevor ichs nid vergiss, noch ebbis ganz Wichtiges!

Während Du im Schlafzimmer wie Schweinsteiger nach 120 Minuten schnufscht, isch mir plötzlich ufgefalle, dass unsere Ehe wie diese WM gwäse isch! (»Isch«, »unsere Ehe isch!«, nid »gwäse isch«, ich lass mich nid scheide, nur weil ich jetzt Weltmeischter bin, Dani-Schätzle, Spätzle!) Also: Erscht des 4:0, so beginne Ehe. Dann Ghana, Schlagabtausch. Dennoch des furchtbare Rägespiel mit 1:0. Und dann irgendwann Algerien (Du, Algerien gibt's in jedere gute Ehe!!!) Dennoch gege Frankreich, Läuterung, wieder ufwärts. Dann die Ekstase mit 7:1, als ob sich die Ehefrau plötzlich die Brüschte hätt vergrößere losse (Pardon, Daniela, »Brüschte vergrößern« nimm ich zurück, ich war übermütig, aber ich bin ja au Weltmeischter).

So, ich trink jetzt noch ä letschte Caipi, dann leg ich mich zu Dir, Schweini, quatsch, Dani, hicks. Und dann fliege mir nach Berlin, do krieg ich den Sockel.

Ade. Dei Jogi

Nachweis

Der Verlag dankt folgenden Rechteinhabern für die Genehmigung zum Abdruck:

Jakob Arjouni (1964–2013)

Borussia im Himmel (Titel vom Herausgeber). Aus: Jakob Arjouni, *Ein Mann, ein Mord.* Copyright © 1991 by Diogenes Verlag AG, Zürich.

Peter Behle

Herr Eintracht und sein Hund Kickers. Aus: Paul Breitner & Bernd Schroeder (Hgg.), *Kopf-Ball.* Verlag Ullstein GmbH, Berlin / Frankfurt am Main / Wien, 1982. Copyright © by Peter Behle.

Christoph Biermann (* 1960 in Krefeld)

Die Stimme der Aufklärung. Aus: Christoph Biermann, *Wie ich einmal vergaß, Schalke zu hassen.* Copyright © 2007 by Verlag Kiepenheuer & Witsch GmbH & Co. KG, Köln.

Die Lesefrucht. Aus: Christoph Biermann, *Wie ich einmal vergaß, Schalke zu hassen.* Copyright © 2007 by Verlag Kiepenheuer & Witsch GmbH & Co. KG, Köln.

Bertolt Brecht (1898–1956)

siehe Constantin Seibt

Paul Breitner (* 1951 in Kolbermoor)

Ganz in Weiß. Aus: Paul Breitner & Bernd Schroeder

(Hgg.), *Kopf-Ball*. Verlag Ullstein GmbH, Berlin / Frankfurt am Main / Wien, 1982. Copyright © by Paul Breitner.

Friedrich Christian Delius (* 1943 in Rom)

Der Sonntag, an dem ich Weltmeister wurde. Aus: Friedrich Christian Delius, *Der Sonntag, an dem ich Weltmeister wurde*. Copyright © 1994 by Rowohlt Verlag GmbH, Reinbek bei Hamburg.

Jörg Drews (1938–2009)

damals Moment siebenundvierzig jawohl. Aus: Ludwig Harig & Dieter Kühn (Hgg.), *Netzer kam aus der Tiefe des Raumes*. Copyright © 1974 by Carl Hanser Verlag, München.

Wiglaf Droste (* 1961 in Herford)

Mein beinah' schönstes Fußball-Länderspiel. Aus: Gerd Haffmans (Hrsg.), *Der Rabe* XXVIII, Haffmans Verlag AG, Zürich, 1990. Copyright © by Wiglaf Droste.

Stefanie Fiebrig

Nummer sieben. Aus: Stefanie Fiebrig, *Bring mich zum Rasen*. Copyright © 2014 by Schwarzkopf & Schwarzkopf Verlag GmbH, Berlin.

Günter Grass (1927–2015)

1954. Aus: Günter Grass, *Mein Jahrhundert*. Copyright © 1999 by Steidl Verlag, Göttingen.

Axel Hacke (* 1956 in Braunschweig)

Boninsegna? Ein Trauma? Aus: Axel Hacke, *Fußballgefühle*. Copyright © 2014 by Verlag Antje Kunstmann GmbH, München.

Ludwig Harig (* 1927 in Sulzbach / Saar)

Erstes alexandrinisches Sonett über den Fußball. Aus: Ludwig Harig, *Die Wahrheit ist auf dem Platz*. Copyright © 2006 by Carl Hanser Verlag, München.

Aus der Tiefe des Raumes. Aus: Ludwig Harig & Dieter Kühn (Hgg.), *Netzer kam aus der Tiefe des Raumes.* Copyright © 1974 by Carl Hanser Verlag, München.

Herbert Heckmann (1930–1999)

Der Ball war weg. Aus: Ludwig Harig & Dieter Kühn (Hgg.), *Netzer kam aus der Tiefe des Raumes.* Copyright © 1974 by Carl Hanser Verlag, München.

Uta-Maria Heim (* 1963 in Schramberg)

Ein Mann, ein Schrei, ein Tor – Fußball ist nicht unser Leben. Aus: literaturhaeuser.net (Hrsg.): *Aus der Tiefe des Traumes.* Copyright © 2005 by Luchterhand Literaturverlag, München.

Eckhard Henscheid (* 1941 in Amberg)

Fußball-Anekdoten. Aus: Eckhard Henscheid: *Da lacht das runde Leder*, Haffmans Verlag AG, Zürich, 1990. Copyright © by Eckhard Henscheid.

Standardsituationen. Aus: Eckhard Henscheid: *Standardsituationen*, Haffmans Verlag AG, Zürich, 1988. Copyright © by Eckhard Henscheid.

Benjamin Henrichs

Hundert Jahre sollst du leben. Aus: Paul Breitner & Bernd Schroeder (Hgg.), *Kopf-Ball.* Verlag Ullstein GmbH, Berlin / Frankfurt am Main / Wien, 1982. Copyright © by Benjamin Henrichs.

Uli Hoeneß (* 1952 in Ulm)

Der Elfer von Belgrad. Aus: Paul Breitner & Bernd Schroeder (Hgg.), *Kopf-Ball.* Verlag Ullstein GmbH, Berlin / Frankfurt am Main / Wien, 1982. Copyright © by Uli Hoeneß.

Walter Jens (1923–2013)

Vorbei, die Eimsbütteler Tage. Aus: Ludwig Harig &

Dieter Kühn (Hgg.), *Netzer kam aus der Tiefe des Raumes*. Copyright © 1974 by Carl Hanser Verlag, München.

Tim Jürgens (* 1969)

Dantes Tragödie. Aus: Tim Jürgens & Philipp Köster (Hgg.), *Die 100 besten Spiele aller Zeiten*. Copyright © 2014 by Wilhelm Heyne Verlag, München, in der Verlagsgruppe Random House GmbH (die Originalausgabe erschien 2012 beim Südwest Verlag, München, in der Verlagsgruppe Random House GmbH).

Helmut Krausser (* 1964 in Esslingen)

Der Hass auf den FC Bayern (Originaltitel: *Hass*). Aus: Helmut Krausser, *Gebrauchsanweisung für den FC Bayern*. Copyright © 2015 by Piper Verlag GmbH, München.

Sepp Maier (* 1944 in Metten)

Wider Willen ins Tor. Aus: Paul Breitner & Bernd Schroeder (Hgg.), *Kopf-Ball*. Verlag Ullstein GmbH, Berlin / Frankfurt am Main / Wien, 1982. Copyright © by Sepp Maier.

Bernhard Minetti (1905–1998)

Fußball und Theater. Aus: Paul Breitner & Bernd Schroeder (Hgg.), *Kopf-Ball*. Verlag Ullstein GmbH, Berlin / Frankfurt am Main / Wien, 1982. Copyright © by Bernhard Minetti.

Günter Netzer (* 1944 in Mönchengladbach)

Ich hier oben, du da unten. Aus: Paul Breitner & Bernd Schroeder (Hgg.), *Kopf-Ball*. Verlag Ullstein GmbH, Berlin / Frankfurt am Main / Wien, 1982. Copyright © by Günter Netzer.

Moritz Rinke (* 1967 in Worpswede bei Bremen)

Ich hätt weine könne. Aus: FAZ.NET vom 10.07.2014.

Jetzt were si alli auf die Knie gehe. Aus: FAZ.NET vom 15.07.2014.

Vertraust Du meiner Viererkette? Aus: FAZ.NET vom 16.06.2014. Copyright © Alle Rechte vorbehalten. Frankfurter Allgemeine Zeitung GmbH, Frankfurt. Zur Verfügung gestellt vom Frankfurter Allgemeine Archiv.

Constantin Seibt (* 1966 in Frankfurt am Main)

Die Wahrheit über Bertolt Brecht und Schalke (Originaltitel: *Folio lügt*). Aus: NZZ Folio 8/2006. Copyright © NZZ Folio, Zürich. Für diese Ausgabe vom Autor überarbeitet und aktualisiert.

als Bertolt Brecht: *Schalke – Hannover als Kunstereignis des Jahres 1929*. Aus: NZZ Folio 9/1997. Copyright © NZZ Folio, Zürich.

Christof Siemes (* 1964 in Mönchengladbach)

Günter Grass und seine Liebe zum Fußball (Originaltitel: *Dichter im Tor*). Aus: DIE ZEIT # 16/2015. Copyright © 2015 by Zeitverlag Gerd Bucerius GmbH & Co. KG, Hamburg.

Irmgard Stoffels

Zöpfe stören nicht. Aus: Paul Breitner & Bernd Schroeder (Hgg.), *Kopf-Ball*. Verlag Ullstein GmbH, Berlin / Frankfurt am Main / Wien, 1982. Copyright © by Irmgard Stoffels.

Friedrich Torberg (1908–1979)

Auf den Tod eines Fußballspielers. Aus: Friedrich Torberg, *Lebenslied – Gedichte aus 25 Jahren.* Copyright © 1958 by LangenMüller in der F.A. Herbig Verlagsbuchhandlung GmbH, München.

Reinhard Umbach (*1954 in Edermünde)

Kleine Fußballregelkunde. Aus: Gerd Haffmans (Hrsg.), *Der Rabe* XXVIII, Haffmans Verlag AG, Zürich, 1990. Copyright © by Reinhard Umbach.

Michael Verhoeven (* 1938 in Berlin)

FC Menterschwaige. Aus: Paul Breitner & Bernd Schroeder (Hgg.), *Kopf-Ball*. Verlag Ullstein GmbH, Berlin/Frankfurt am Main/Wien, 1982. Copyright © by Michael Verhoeven.

Reinhard Waldenberger (*1952 in Linz)

David schlägt Goliath. Aus: Paul Breitner & Bernd Schroeder (Hgg.), *Kopf-Ball*. Verlag Ullstein GmbH, Berlin/Frankfurt am Main/Wien, 1982. Copyright © by Reinhard Waldenberger.

Hennes Weisweiler (1919–1983)

Seelenfänger. Aus: Ludwig Harig & Dieter Kühn (Hgg.), *Netzer kam aus der Tiefe des Raumes*. Copyright © 1974 by Carl Hanser Verlag, München.

Benedict Wells (* 1984 in München)

Wie ich für einen Tag Dortmundfan wurde (Originaltitel: *Das Experiment*). Aus: Moritz Rinke (Hrsg.) & Tim Dinter (Ill.), *Man muss ein Spiel auch lesen können. Ein schwarzgelbes Jahr*. Copyright © 2015 by Aufbau Verlag GmbH & Co. KG, Berlin (die Originalausgabe erschien 2015 bei Blumenbar; Blumenbar ist eine Marke der Aufbau Verlag GmbH & Co. KG).

Urs Widmer (1938–2014)

Beruf: Bundesligaspieler. Aus: Urs Widmer, *Vom Fenster meines Hauses aus*. Copyright © 1977 by Diogenes Verlag AG, Zürich.

Vom Schweizer Fußball. Aus: Ludwig Harig & Dieter Kühn (Hgg.), *Netzer kam aus der Tiefe des Raumes*. Carl Hanser Verlag, München, 1974. Copyright © by Diogenes Verlag AG, Zürich.

In einigen Fällen konnten trotz intensiver Recherche die

Rechteinhaber nicht ermittelt werden. Abdruckhonorare im branchenüblichen Rahmen werden selbstverständlich nachträglich abgegolten.

Bitte beachten Sie
auch die folgenden Seiten

Benedict Wells im Diogenes Verlag

Becks letzter Sommer

Roman

Beck ist nicht zu beneiden. Mit der Musikerkarriere wurde es nichts, sein sicherer Job als Lehrer ödet ihn an, und sein Liebesleben ist ein Desaster. Da entdeckt er in seiner Klasse ein unglaubliches Musiktalent: Rauli Kantas aus Litauen. Als Manager des rätselhaften Jungen will er es noch mal wissen, doch er ahnt nicht, worauf er sich da einlässt... Ein tragikomischer Roman über verpasste Chancen und alte Träume, über die Liebe, Bob Dylan und einen Road Trip nach Istanbul. Ein magischer Sommer, in dem noch einmal alles möglich scheint.

»Witzig, melancholisch und tiefgründig.«
Sabine Radloff / Süddeutsche Zeitung, München

»Ganz erstaunlich, mit welchem Geschick Benedict Wells Spannung auf- und Überraschungen einzubauen versteht. Großartig auch, wie er den Lehrer Beck als tragische Figur porträtiert und dessen verkorkstes Alltags- und Liebesleben zeichnet.«
Volker Hage / Der Spiegel, Hamburg

»Das interessanteste Debüt des Jahres. Einer, der sein Handwerk versteht und der eine Geschichte zu erzählen hat.« *Florian Illies / Die Zeit, Hamburg*

»Wells erzählt mit Witz und Verve, mit beiden Beinen fest im pathosfreien Jetzt.«
Martin Wittmann / Frankfurter Allgemeine Zeitung

»Furioser Lesespaß.« *Verena Lugert / Neon, München*

Auch als Diogenes Hörbuch erschienen,
gelesen von Christian Ulmen

Spinner

Roman

Ich hab keine Angst vor der Zukunft, verstehen Sie? Ich hab nur ein kleines bisschen Angst vor der Gegenwart.
Jesper Lier, zwanzig, weiß nur noch eines: Er muss sein Leben ändern, und zwar radikal. Er erlebt eine turbulente Woche und eine wilde Odyssee durch das neue Berlin. Ein tragikomischer Roman über die Angst, wirklich die richtigen Entscheidungen zu treffen.

»Wie Benedict Wells versteht, sein Alter Ego in seiner ganzen Unbefangenheit dem Leben gegenüber darzustellen, geht weit über ein auf ein jugendliches Lesepublikum zugeschnittenes Generationenbuch hinaus. Wells' Sprache ist roh und unfrisiert, und seine Geschichte grundiert von bisweilen bitter-poetischem Humor.« *Peter Henning / Rolling Stone, München*

»Benedict Wells findet starke Worte für die Orientierungslosigkeit seiner Generation. *Spinner* ist ein wunderbares Buch über die Angst vor dem Erwachsenwerden und teilweise zum Brüllen komisch.«
Lilo Solcher / Augsburger Allgemeine

»Ironisch und stellenweise sehr tiefgründig. Versponnene Lektüre zum In-einem-Rutsch-Lesen.«
Emotion, Hamburg

Fast genial

Roman

Ich habe das Gefühl, ich muss meinen Vater nur einmal anschauen, nur einmal kurz mit ihm sprechen, und schon wird sich mein ganzes Leben verändern.
Die unglaubliche, aber wahre Geschichte über einen mittellosen Jungen aus dem Trailerpark, der eines Ta-

ges erfährt, dass sein ihm unbekannter Vater ein Genie ist, und sich auf die Suche nach ihm macht. Eine Reise quer durch die USA – das Abenteuer seines Lebens.

»Spannend wie ein Krimi. Benedict Wells ist mit *Fast genial* ein ziemlich geniales Buch gelungen.«
Claudio Armbruster / ZDF-Heute Journal, Mainz

»Wells' dritter Roman ist ein klasse Roadmovie, der mit Frische, Witz und lebendigen Figuren den holprigen Weg zum Erwachsenwerden erzählt.«
Bücher, Kiel

»Ein faszinierender Roman.« *Der Spiegel, Hamburg*

»Die Idee ist großartig. Mit dieser Geschichte kriegt man auch junge Leute ans Lesen.« *Elke Heidenreich*

Vom Ende der Einsamkeit

Roman

Jules und seine Geschwister Marty und Liz sind grundverschieden, doch ein tragisches Ereignis prägt alle drei: Behütet aufgewachsen, haben sie als Kinder ihre Eltern durch einen Unfall verloren. Obwohl sie auf dasselbe Internat kommen, geht jeder seinen eigenen Weg, sie werden sich fremd und verlieren einander aus den Augen. Vor allem der einst so selbstbewusste Jules zieht sich immer mehr in seine Traumwelten zurück. Nur mit der geheimnisvollen Alva schließt er Freundschaft, doch erst Jahre später wird er begreifen, was sie ihm bedeutet – und was sie ihm immer verschwiegen hat.
Als Erwachsener begegnet er Alva wieder. Es sieht so aus, als könnten sie die verlorene Zeit zurückgewinnen, doch dann holt sie die Vergangenheit wieder ein. Ein berührender Roman über das Überwinden von Verlust und Einsamkeit und die Frage, was in einem Menschen unveränderlich ist. Und vor allem: eine große Liebesgeschichte.

René Goscinny
Jean-Jacques Sempé
Der kleine Nick spielt Fußball

Vier prima Geschichten vom kleinen Nick und seinen Freunden
Aus dem Französischen von Hans Georg Lenzen

Ob mit seiner Bande, mit Papa und den anderen Vätern auf dem Fußballplatz, zwischen den Schulbänken in der Klasse oder mit Luise im Garten: Fußball mit dem kleinen Nick ist prima – nee wirklich, ist doch wahr!
Wenn Nick und seine Bande Fußball spielen, ist die Mannschaftsaufstellung das kleinste Problem. Adalbert, der Klassenerste, wird Schiedsrichter. Keiner kann ihn besonders gut leiden, aber weil er eine Brille trägt, kann man ihn auch nicht richtig verhauen, und für den Schiedsrichter ist das ideal.
Die Frage, wer Mannschaftskapitän wird, ist schon schwieriger, denn alle wollen Kapitän sein. Und dann gibt es noch ein Problem: Wo spielt Franz mit? Jede Mannschaft will ihn haben, denn wenn Franz den Ball hat, kann ihn keiner aufhalten. Da ist Streit vorprogrammiert. Aber das ist gar nichts im Vergleich zu dem, was passiert, wenn die Eltern sich in ein Fußballspiel einmischen! Und am meisten Spaß macht es natürlich, im Klassenzimmer Fußball zu spielen.
Für den kleinen Nick ist klar: »Wenn ich groß bin, kauf ich mir ein Klassenzimmer, nur zum Fußballspielen.«

»Die Geschichten vom kleinen Nick gehören längst zum Kanon der modernen Kinderbuchklassiker. Sie sind unverwüstlich wie *Der kleine Prinz.*«
Frankfurter Rundschau

Auch als Diogenes Hörbuch erschienen, gelesen von Rufus Beck

Jakob Arjouni im Diogenes Verlag

Jakob Arjouni, geboren 1964 in Frankfurt am Main, schrieb mit neunzehn seinen ersten *Kayankaya*-Roman. Für *Ein Mann, ein Mord* erhielt er 1992 den Deutschen Krimi-Preis, und seine Veröffentlichung *Idioten. Fünf Märchen* stand monatelang auf den Bestsellerlisten. Arjouni lebte mit seiner Familie in Berlin und Südfrankreich. Er starb am 17. Januar 2013 in Berlin.

»Seine Virtuosität, sein Humor, sein Gespür für Spannung sind ein Lichtblick in der Literatur jenseits des Rheins, die seit langem in den eisigen Sphären von Peter Handke gefangen ist.« *Actuel, Paris*

»Seine Texte haben Qualität. Sie sind ambitioniert, unaufdringlich-provokativ, höchst politisch.«
Barbara Müller-Vahl / General-Anzeiger, Bonn

Happy birthday, Türke!
Kayankayas erster Fall. Roman
Auch als Diogenes Hörbuch erschienen, gelesen von Rufus Beck

Mehr Bier
Kayankayas zweiter Fall. Roman
Auch als Diogenes Hörbuch erschienen, gelesen von Rufus Beck

Ein Mann, ein Mord
Kayankayas dritter Fall. Roman
Auch als Diogenes Hörbuch erschienen, gelesen von Rufus Beck

Magic Hoffmann
Roman
Auch als Diogenes Hörbuch erschienen, gelesen von Jakob Arjouni

Ein Freund
Geschichten

Kismet
Kayankayas vierter Fall. Roman

Idioten. Fünf Märchen

Hausaufgaben
Roman

Chez Max
Roman
Auch als Diogenes Hörbuch erschienen, gelesen von Jakob Arjouni

Der heilige Eddy
Roman
Auch als Diogenes Hörbuch erschienen, gelesen von Jakob Arjouni

Cherryman jagt Mister White
Roman

Bruder Kemal
Kayankayas fünfter Fall. Roman

Die Kayankaya-Romane in einem Band im Schuber
Happy birthday, Türke / Mehr Bier / Ein Mann, ein Mord / Kismet / Bruder Kemal

Urs Widmer im Diogenes Verlag

»Urs Widmer zählt zu den bekanntesten und renommiertesten deutschsprachigen Gegenwartsautoren.«
Michael Bauer/Focus, München

Vom Fenster meines Hauses aus
Prosa

Schweizer Geschichten

Liebesnacht
Eine Erzählung

Die gestohlene Schöpfung
Ein Märchen

Der Kongreß der Paläolepidopterologen
Roman

Das Paradies des Vergessens
Erzählung

Der blaue Siphon
Erzählung

Die sechste Puppe im Bauch der fünften Puppe im Bauch der vierten
und andere Überlegungen zur Literatur. Grazer Vorlesungen 1991

Im Kongo
Roman

Vor uns die Sintflut
Geschichten

Der Geliebte der Mutter
Roman
Auch als Diogenes Hörbuch erschienen, gelesen von Urs Widmer

Das Geld, die Arbeit, die Angst, das Glück.

Das Buch des Vaters
Roman
Auch als Diogenes Hörbuch erschienen, gelesen von Urs Widmer

Ein Leben als Zwerg

Vom Leben, vom Tod und vom Übrigen auch dies und das
Frankfurter Poetikvorlesungen

Herr Adamson
Roman

Stille Post
Kleine Prosa

Gesammelte Erzählungen

Reise an den Rand des Universums
Autobiographie

Außerdem erschienen:

Shakespeares Königsdramen
Nacherzählt und mit einem Vorwort von Urs Widmer. Mit Zeichnungen von Paul Flora

Valentin Lustigs Pilgerreise
Bericht eines Spaziergangs durch 33 seiner Gemälde. Mit Briefen des Malers an den Verfasser

Das Schreiben ist das Ziel, nicht das Buch
Urs Widmer zum 70. Geburtstag. Herausgegeben von Daniel Keel und Winfried Stephan

Die schönsten Geschichten aus Tausendundeiner Nacht
Erzählt von Urs Widmer. Mit vielen Bildern von Tatjana Hauptmann